Ilse Brachtendorf
Birgit Jeggle-Merz
Wolfgang Pollmeyer
Wortgottesfeiern mit Kindern 2

Laien leiten Liturgie

Herausgegeben von Dietmar Thönnes

Ilse Brachtendorf
Birgit Jeggle-Merz
Wolfgang Pollmeyer

Wortgottesfeiern mit Kindern 2

Kinderliturgie im Jahreslauf

Verlag Butzon & Bercker Kevelaer

Umschlagillustration
unter Verwendung eines Wettbewerbsentwurfs
für die drei Chorfenster der St.-Nicolai-Kirche in Kalkar

von Günter Grohs, Wernigerode

Die Deutsche Bibliothek – CIP-Einheitsaufnahme

Ein Titeldatensatz für diese Publikation ist bei
Der Deutschen Bibliothek erhältlich

ISBN 3-7666-0368-X

Umschlaggestaltung: Günter Grohs, Christoph Kemkes
Satz: Greiner & Reichel, Köln
Druck und Bindung: Koninklijke Wöhrmann B. V., Zutphen (NL)

Inhalt

Vorwort

In der Reihe „Laien leiten Liturgie" ist dieses Buch zur *Kinderliturgie im Jahreslauf* der zweite Band, der Wortgottesfeiern speziell mit Kindern gewidmet ist. Während es in vorliegendem Band um Wortgottesfeiern im Rhythmus der Zeit geht, lag der Schwerpunkt das andere Mal auf parallelen Feiern zur Eucharistiefeier der Gemeinde. Beide Bände wollen sich gegenseitig ergänzen, sind aber unabhängig voneinander verwendbar.

Leitung der Feier

Die Leitung solcher Wortgottesfeiern kann im Grunde jedes Gemeindemitglied übernehmen. Man braucht dafür weder ein Theologiestudium vorzuweisen noch hauptamtlich in der Kirche beschäftigt zu sein. In früherer Zeit, als die Personalsituation in den meisten Gemeinden noch anders war, hat die Leitung von eigenständigen Kindergottesdiensten meistens der Pastoralreferent oder die Gemeindereferentin übernommen, wenn kein Priester zur Verfügung stand. Das muss aber gar nicht sein. In den Gemeinden schlummern so manche Charismen, auch das Charisma der Gottesdienstleitung. Es gilt hier einfach Mut zu fassen und darauf zu vertrauen, dass Taufe und Firmung dazu berechtigen und verpflichten, das gottesdienstliche Leben der Gemeinde mitzutragen.

Alter der Kinder

Die vorliegenden Gottesdienstmodelle sind vor allem für Grundschulkinder konzipiert. Natürlich können aber auch durchaus jüngere Kinder und die Eltern aller Kinder mitfeiern.

Zur Vorbereitung der Gottesdienste

Im Idealfall werden die Kindergottesdienste nicht einsam von einer Person am Schreibtisch entwickelt, sondern entstehen im Rahmen einer Vorbereitungsgruppe, die in einem lebendigen Austausch über die Fragen des Glaubens und des Lebens steht. Wir wollen schon gleich zu Anfang betonen, dass die Grundlage aller Gottesdienstvorbereitung nicht irgendeine Idee ist, sei sie auch noch so brilliant, sondern Ausgangspunkt ist immer das Wort Gottes, ohne dessen Verkündigung es keinen Gottesdienst geben kann.

Themenauswahl

Alle in diesem Buch vorgestellten Kindergottesdienstmodelle orientieren sich an einem Fest, das im Rhythmus des Jahres gefeiert wird, oder an einem bestimmten Anlass, der sich aus dem Ablauf des Jahres ergibt. Es versteht sich von selbst, dass die Modelle auch für Feiern an anderen Tagen als hier modellhaft vorgesehen angepasst werden können.

Liedauswahl

Eine große Schwierigkeit bei der Erarbeitung von Gottesdienstmodellen stellt die Liedauswahl dar. Das verwendete Liedgut für Kinder ist in den einzelnen Gemeinden doch recht unterschiedlich. Wir haben hier vorrangig Lieder aus dem Gotteslob und aus dem Kinderliederbuch „kommt und singt"[1] gewählt, das vom Generalvikariat Köln herausgegeben worden ist. Diese Lieder können selbstverständlich durch andere Lieder aus dem Repertoire der Gemeinde ersetzt werden.

Aufbau der Gottesdienste

Jeder vorgestellte Kindergottesdienst hat drei Teile: I. Eröffnungsteil, II. Hauptteil, III. Schlussteil.

Eröffnungs- und Schlussteil bilden den Rahmen zum Hauptteil und beziehen sich auch auf ihn.

Ohne Ausnahme – weil das Wort Gottes die Grundlage des Feierns darstellt – enthält jeder Hauptteil eine Lesung aus dem Alten oder aus dem Neuen Testament. Darauf kann in keinem Fall verzichtet werden. Daran schließt sich eine in unterschiedlichster Form gestaltete Katechese an.

Es ist also unverzichtbar (und dies kann man nicht genug betonen), dass in jeder Wortgottesfeier – auch wenn sich die Feiergemeinschaft vorrangig aus kleineren Kindern zusammensetzt – das Wort Gottes verkündet und ausgelegt wird. Die Weise, wie dies geschieht, muss natürlich kindgemäß und dem Alter der mitfeiernden Kinder angemessen sein. So können für die Lesungen eine Kinderbibel oder auch das Kinderlektionar[2] gewählt werden. Das

---

[1] kommt und singt. Hg. vom Erzbischöflichen Generalvikariat Köln. Hauptabteilung Seelsorge. Köln 1992.
[2] Lektionar für Gottesdienste mit Kindern. Bd. 1: Kirchenjahr und Kirche. Einsiedeln u. a. 1981.

Wort Gottes selbst aber kann durch keine noch so schöne Geschichte ersetzt werden. In der Katechese haben Erzählungen, Vergleiche, Symbole, Aktivitäten allerdings ihren Platz, wenn damit eine Vertiefung des Wortes Gottes erreicht werden kann und ein Bezug zum Leben der Kinder hergestellt wird.

Handhabung und Anwendung

Alle Gottesdienstmodelle werden auf zweifache Weise erklärt: Zunächst wird in der Erläuterung des Modells jedes Element einzeln vorgestellt und ausgesagt, was es beinhaltet oder bewirken soll. Lieder und Texte werden deshalb noch nicht konkret vorgestellt. Damit soll erreicht werden, dass in jeder Gemeinde das vorliegende Modell auf die örtlichen Gegebenheiten abgestimmt werden kann, ohne viel Zeit für die Konzeption der Feier zu benötigen. Das detaillierte Modell des jeweiligen Gottesdienstes folgt dann. Ihm vorangestellt ist die Nennung des Themas, des Zieles und der benötigten Materialien. Obwohl in den Modellen Formulierungen vorgegeben sind, sollten sie nicht dazu verleiten, wortwörtlich übernommen zu werden. Am besten wäre es, nach der Vorlage frei zu erzählen.

Wichtig

Dieses Buch will und kann nur eine Anregung zur Gestaltung von Kindergottesdiensten sein, die auf die vor Ort gegebenen Umstände und Notwendigkeiten angepasst werden. Es ist kein Regiebuch, das man einfach greifen und abspielen könnte, sondern ein Sammelbuch von Vorschlägen zur Gestaltung von Kindergottesdiensten.

Mit etwas Phantasie, guter Beobachtung, Erfahrung und auch einer Prise Mut ist die Aufgabe zu meistern, Wortgottesfeiern mit Kindern vorzubereiten und zu feiern, so dass diese für die Kinder und deren Eltern zu einem wichtigen Baustein auf ihrem Glaubensweg werden.

Ilse Brachtendorf, Birgit Jeggle-Merz,
Wolfgang Pollmeyer

Einleitung

Freudig singende Kinder, die häufig ihre kleinen Körper zum Takt mitschwingen, kann der beobachten, der im Gottesdienst ein Lied wie „Laudato si, o mi' Signore"[3], eine Vertonung des Sonnengesangs des heiligen Franziskus von Assisi, anstimmt. Dieses Lied, ein wahrer „Renner", der in keiner Liedsammlung für Kinder- und Jugendgottesdienste fehlen darf, begeistert die Kinder sicher zunächst einmal durch seine mitreißende Melodie. Schaut man aber auch auf den Text, so fällt sogleich auf, dass der Inhalt des Liedes wahrlich begeistern und mitreißen kann: Hier wird Gott gelobt für alle seine Werke, für „Sonne, Mond und Sterne", für „Meer und Kontinente", für „Wolken, Wind und Regen", für die Welt also, die er so wunderbar gestaltet hat. Doch das Wirken Gottes an und in der Welt ist mit der Vollendung der Schöpfung noch nicht zu Ende – so wird weiter gesungen. Dieser Gott, der in diesem Lied besungen wird, kümmert sich weiter um das von ihm Geschaffene, er kümmert sich um die Menschen und sorgt sich um das Heil und die Zukunft seiner Geschöpfe, so sehr sogar, dass er Jesus, seinen Sohn, in die Welt sandte, damit dieser für die Sünden der Welt sterbe. Und damit noch nicht genug – so kündet der Text: „du öffnest uns die Zukunft".
Vergangenheit – Gegenwart – Zukunft: alles liegt in Gottes Hand und ist hier wunderbar aufgehoben.
Dieses überschwängliche Lob und dieser aus tiefem Herzen stammende Dank wird in allen Strophen des Liedes unablässig beschrieben mit dem alten Wort „*preisen*", das wir in unser Alltagssprache kaum verwenden. „*Gott preisen*" – das heißt soviel wie ihn „loben" und „rühmen", weil er ein Gott ist, der sich den Menschen zuwendet und es gut mit ihnen meint. Jede Strophe endet daher mit dem Satz: „Sei gepriesen – denn du bist wunderbar."
Dass dieses Lied den Kindern gefällt, kommt nicht von ungefähr. Es sind Zuversicht und Freude, die über den Gesang in die Herzen der Kinder Eingang finden und die dieses Lied zum Favoriten von Kindergottesdiensten machen. Auch wenn die singenden Kinder wahrscheinlich kaum benennen können, von welchen Inhalten

---

[3] Kehrvers: Sonnengesang des heiligen Franziskus von Assisi. Deutscher Text: Winfried Pilz. Melodie: mündlich überliefert. Rechte: Verlag Haus Altenberg, Düsseldorf. Z. B. in: Unterwegs. Lieder und Gebete Nr. 68.

und theologischen Zusammenhängen sie gesungen haben, so pflanzt sich doch tief in ihre Seelen die Gewissheit ein, dass Gott sie trägt durch alle Zeiten hindurch, wie er es immer mit den Menschen getan hat. Der Mensch in der Zeit – dies ist für den Erwachsenen und auch bereits für das Kind eine überaus wichtige Dimension. „Was wird morgen sein?" – ist für viele eine drängende Frage. „Wird mir die Klassenarbeit gelingen?", „Werden wir das nächste Fußballspiel gewinnen?" oder: „Werden sich meine Mama und mein Papa wieder vertragen?" Auch ein Kind macht sich schon Gedanken über die Zukunft, bedenkt Vergangenes und versucht Gegenwart zu gestalten. Auch erlebt es schon von Anfang seines Lebens an, dass die Zeit im Fluss ist: „Wann ist endlich wieder Weihnachten?" – „Wann habe ich wieder Geburtstag?" – „Wann kann man wieder Schlitten fahren?" Die Gestaltung der vorgegebenen menschlichen Zeit ist nicht nur den Erwachsenen zur Aufgabe gegeben, sondern ist auch schon den Kindern eine Frage.

Dieser Band der Reihe „Laien leiten Liturgie" widmet sich genau diesem Thema: dem Menschen im Lauf der Zeit. Über grundlegende Fragen zum Gegenstand von Gottesdienstfeiern überhaupt werden wir anhand konkreter Beispiele die Frage zu klären versuchen, wie gottesdienstliches Feiern im Rhythmus der Zeit den Kindern helfen kann, ihr Sein in der Zeit anzunehmen und zu gestalten.

1. Von der Kunst, mit Kindern Gottesdienst zu feiern

In vielen Pfarreien werden oftmals mit großem Aufwand und bewundernswertem Engagement Gottesdienste gestaltet und gefeiert, mit denen insbesondere Kinder und deren Eltern angesprochen werden sollen. Dieses Tun ist ein wichtiger und unverzichtbarer Beitrag zu einer lebendigen Gemeinde, denn in den Kindern liegt die Zukunft unserer Kirche. Hinzu kommt, dass jedes Bemühen, den Kindern Glauben und kirchliches Leben nahe zu bringen, auch immer ein Dienst an deren Eltern ist, die nicht selten über solche Kindergottesdienste, über Tauffeiern oder über Feiern im Rahmen der Erstkommunionvorbereitung in Kontakt mit ihrer Pfarrgemeinde kommen, ein Kontakt, der bisweilen lange Jahre von ihnen vernachlässigt worden ist.

Die Bedeutsamkeit solcher Kinder- oder Familiengottesdienste ist unbestreitbar. Nicht wenige Kindergottesdienstteams wünschen sich als Frucht ihrer mühevollen Arbeit, dass die mitfeiernden Kinder (und deren Familien) – angespornt durch die lebendigen und ansprechenden Gottesdienstfeiern – sich nun regelmäßig und nicht nur zu besonderen Gelegenheiten am gottesdienstlichen Leben der Gemeinde beteiligten. Doch dieser direkt messbare Effekt, so wünschenswert er auch ist, ist keineswegs immer zu beobachten. Ehrlicherweise muss man sogar zugeben, dass sich zumindest auf den ersten Blick die Mühen kaum zu lohnen scheinen. Dies ist für die Beteiligten oft sehr frustrierend. Schnell entsteht der Eindruck, dass Kinder in unserer heutigen, schnelllebigen, durch Medien bestimmten Zeit nur mittels außergewöhnlicher Aktivitäten zu motivieren seien. Gottesdienstliches Feiern gerät so schon im Denken derjenigen, die diese Feiern vorbereiten, in Konkurrenz zu einer Unzahl an unterschiedlichsten Freizeitangeboten, die um die Gunst der – oft zahlungskräftigen – Kinder ringen.

Will man mit Kindern frei und unbeschwert Gottesdienst feiern, so ist es ungemein wichtig, sich von dem Zwang, den Kindern etwas bieten zu wollen, zu befreien. Gottesdienstfeiern im christlichen Verständnis ist kein Angebot auf der Palette unzähliger Möglichkeiten, sondern Ausdruck lebendigen Glaubens und Einladung, sich einem solchen lebendigen Glauben zu nähern. Wie dies aussehen kann, welche Grundlinien gottesdienstlichen Feierns dabei bedacht werden sollten, darum soll es im Folgenden gehen. Alle Beispiele und Gestaltungsmöglichkeiten, die in diesem Band beschrieben werden, dienen dem Ziel, gottesdienstliche Feiern lebendig und authentisch als Feiern des Glaubens zu verwirklichen.

1.1 Jenseits von Show und Glamour, aber dennoch am Puls der Zeit

Gerade war schon die Rede davon, dass gottesdienstliches Feiern nicht als Freizeitangebot, das in Konkurrenz zu anderen Angeboten steht, missverstanden werden darf. Beachtet man diese Grundvoraussetzung nicht, so läuft man schnell Gefahr, das Eigentliche – nämlich die Feier des Glaubens – aus den Augen zu verlieren und sich an den neuesten Moden oder den aktuellsten Gags zu orientieren, die die Freizeitindustrie gerade kreiert. Gottesdienst ist keine Theateraufführung und auch keine schöngeistige Veranstaltung, sondern immer Kommunikation zwischen Gott und Mensch.

Gleichzeitig ist es dennoch unbestreitbar wichtig, sich zu fragen, was denn die grundlegenden Bedürfnisse der Kinder heute am beginnenden dritten Jahrtausend sind, wo ihre Fragen liegen und wie sie in ihrem innersten Wesen erreichbar sind. Denn es geht immer darum, die Menschen ganz persönlich, jeden einzelnen als Individuum durch die Botschaft Gottes anzusprechen. Dabei kann es sein, dass Rezepte, die sich gestern noch als griffig erwiesen hatten, heute durchaus überholt scheinen; oder: dass Modelle, mit denen in der Pastoral erfolgreich gearbeitet wurde, nicht mehr greifen. Wirklich zu bedauern scheinen diesen Umstand nur die ewig Gestrigen, die meinen, einmal die Wahrheit begriffen zu haben und dies festhalten zu können. Aber alles, auch die konkrete Feier des Glaubens ist im Fluss, das heißt: ist ständigem Wandel unterworfen, wenn wir im Glauben und im gemeindlichen Zusammenleben nicht stehenbleiben wollen.

Für wen der letzte Satz jedoch bedeutet, dass immer alles neu erfunden werden müsse, der irrt. Es wäre dumm zu meinen, nach einer zweitausendjährigen Geschichte der Kirche und damit auch der Liturgie erst heute zu wissen, wie man richtig feiert. Also: Liturgisches Feiern heute steht immer in der Spannung von Tradition und Freiheit. Es lohnt sich, sich an dem Schatz gottesdienstlichen Feierns zu orientieren, den die Kirche in ihrem Schoß bereithält. Oftmals sind wir uns des Reichtums und der Fülle dieses Schatzes jedoch gar nicht bewusst.

Dieser Band soll auch dazu dienen, die Schatzkiste Liturgie zu öffnen und sich (wieder) mancher Quellen bewusst zu werden. Gleichzeitig aber meint Hinhören auf die Tradition und Anknüpfen an die Erfahrungen früherer Generationen nicht Stagnation, denn es gilt, diese Tradition und die Erfahrungen fruchtbar zu machen für heute, für den, der heute, trotz widriger gesellschaftlicher Umwelt, glauben will. Das bedeutet: Gottesdienst wird auch immer anders sein, gestern, heute und morgen. Der Grund des Feierns jedoch bleibt immer derselbe.

Greifen wir noch einmal die Überschrift dieses Abschnittes auf: Es geht im Gottesdienst nicht um Show und Effekte. Dennoch ist es unumgehbar, gottesdienstliches Feiern so zu gestalten, dass der konkret in seinen geschichtlichen Möglichkeitsbedingungen lebende Mensch auch feiern kann.

Alles bislang Gesagte gilt für alle Feiernden, seien sie Erwachsene oder Kinder.

1.2 Liturgische Feiern als Erfahrungsräume des Christwerdens und Christseins

Wenn wir einmal überlegen, in welchen Situationen oder bei welchen Gelegenheiten der durchschnittliche Mitbürger mit Kirche in Kontakt kommt, so lassen sich da zwei herausragende Punkte benennen:

Einmal bringen die Medien in immer noch respektabler Häufigkeit Berichterstattungen über kirchliche Ereignisse – man denke da nur beispielsweise an die Reisen des Papstes – oder setzen sich in unterschiedlicher Dichte mit religiösen Themen auseinander. Unser aller Leben bleibt von der medialen Präsenz von Kirche nicht unbeeinflusst.

Ungleich direkter jedoch gelangt er oder sie in Berührung mit Kirche, wenn er oder sie zur Gottesdienstfeier kommt, sei es an Weihnachten, anlässlich einer Beerdigung, zur Taufe, Trauung oder Erstkommunion oder auch bisweilen am Sonntag. Die Rhythmen, in denen der moderne Mensch in der neuzeitlichen Umwelt, die von vielen als nachchristlich bezeichnet wird, am gottesdienstlichen Leben der Kirche teilnimmt, sind oft genau diese: Da wird nicht mehr jeden Sonntag Gottesdienst gefeiert, sondern je nach Gelegenheit oder Notwendigkeit. Oftmals ist es dann so, dass im wahrsten Sinn des Wortes eine solche Feier „besucht" und noch nicht im Vollsinn ein solcher Gottesdienst „mitgefeiert" wird. Das bedeutet, dass viele erst einmal mehr oder weniger distanziert bleiben, schauen und hören, was da denn im Gottesdienst passiert. Wir dürfen kaum unterschätzen, welche Ausstrahlung und welche Bedeutung – im positiven und auch negativen Sinn – solche Gottesdienstfeiern gerade für Menschen haben, die dem Leben der Kirche eher distanziert oder kritisch gegenüberstehen. Der Gottesdienst ist der herausragende Ort, wo Menschen heute erfahren können, was Christsein denn überhaupt bedeutet. Umso wichtiger ist, dass jeder Gottesdienst etwas aufscheinen lässt von der befreienden Kraft des Glaubens.

Unsere heutige Situation unterscheidet sich demnach total von der früherer Generationen von Christen. Anders als heute war das Leben der Menschen in vergangener Zeit weitgehend bestimmt durch die Feste und Feiern der Kirche. Das gottesdienstliche Leben im Rhythmus der Zeit prägte und strukturierte schlechthin das Leben der Menschen. So wuchs jedes Kind auch selbstverständlich in die Gemeinschaft der Kirche und in ihre Lebensformen hinein. Dies ist heute nicht mehr so. Es nützt wenig, dies lediglich zu bedauern und alten Zeiten nachzutrauen, denn auch früher war nicht alles Gold, was glänzt. Aber wir müssen uns vor Augen halten, dass es der heutige Mensch ungleich schwerer hat zu erfahren, wie man heute Christ sein kann. Die neuzeitliche Umwelt lädt ihn nicht dazu ein. Die Gottesdienstfeiern, die der Einzelne also mitfeiert oder die er mehr oder weniger zufällig besucht, bilden ganz wichtige Berührungspunkte mit Kirche und mit der ganz konkreten Gemeinde vor Ort.

1.3 Lernen geschieht durch Vorbilder: Über Nachahmung und Nachvollziehen

Da die Zeit so ist, wie sie ist, sind die Gemeinden vor die Aufgabe gestellt, sich in besonderer Weise der Kinder in ihrer Mitte anzunehmen. Denn der Gottesdienst wird immer wichtiger auch als der Ort, an dem ein Kind überhaupt lernen kann, was Christsein ist und wie man überhaupt Christ werden kann. Immer noch ist zwar eine große Zahl der Kinder im frühen Alter getauft worden, doch ist es keineswegs mehr selbstverständlich, dass diese getauften Kinder auch in einer Umgebung aufwachsen, die ihnen den Glauben nahebringt. Eher das Gegenteil ist der Fall. Die gottesdienstlichen Feiern werden so mehr und mehr zu *dem* Ort religiöser Bildung.

Das braucht alle, die sich um die Vorbereitung und Feier solcher Gottesdienste bemühen, nicht zu schrecken, denn immer schon gilt, dass der Gottesdienst Spiegelbild gemeindlichen Lebens ist, man also an der Feier der Gottesdienste ablesen und erfahren kann, was Kirche ist. Nur heute werden die gottesdienstlichen Feiern verstärkt zu dem Ort schlechthin, weil es immer weniger andere Möglichkeiten gibt.

Wie nun aber sieht ein solches „Lernen" aus? Es ist sicher nicht so wie in der Schule, wo Lerninhalte vorgegeben sind und sich die Lernenden eine bestimmte Stofffülle mehr oder weniger vorrangig intellektuell aneignen müssen. „Lernen" oder „religiöse Bildung" im Gottesdienst geschieht in erster Linie durch Nachahmung oder Nachvollziehen. Es geht also nicht um Wissensvermittlung – auch wenn bisweilen das eine oder andere erklärt werden muss –, es geht auch nicht um die rechte Erziehung – auch wenn man lernt, sich in eine Gemeinschaft einzugliedern –, sondern es geht um Erfahrung im ganzheitlichen Sinn, um Herz und Verstand, ja um die Seele, die auch schon bei den Kindern nach Beachtung hungert.

Dem Vorbild der Erwachsenen kommt dabei besondere Bedeutung zu. Kinder spüren mit ihren feinen Sensoren lange vor den Erwachsenen, ob diese denn auch glauben, was sie sagen, oder meinen, was sie tun. Ohne immer einen sprachlichen Ausdruck dafür finden zu können, wissen sie beispielsweise sehr genau, ob von der Osterfreude nur geredet wird oder ob diese Freude auch das Herz der Feiernden erfüllt. Authentizität oder Stimmigkeit ist demnach überaus wichtig, wenn man mit Kindern wahrhaft feiern will. Von den Kommunikationswissenschaftlern können wir lernen, dass die psychologische Ebene, die Ebene der Beziehung, ungleich wichtiger ist als die Sachebene, das Inhaltliche eben. Das, was gesagt wird, kann vom Gegenüber nur dann auch wirklich verstanden werden, wenn die Beziehung stimmt, wenn nicht das Gesagte überdeckt wird mit anderslautenden nonverbalen Botschaften.

Für die, die Gottesdienste mit Kindern vorbereiten und feiern, heißt dies, dass sie nicht einfach irgendwelche Modelle oder Vorschläge aus Büchern übernehmen können, die ihnen gerade ins Auge springen, sondern dass sie sich immer zuerst fragen müssen: Was löst die Botschaft der Schrift, die an dem betreffenden Tag verkündet werden wird, bei mir selber aus? Was bedeutet mir persönlich das Fest, das es zu feiern gilt? Nicht dass man sich nicht inspirieren lassen dürfte – sonst wäre ja auch vorliegendes Buch schließlich unsinnig –, aber alles Tun und jeder Text muss zu den Menschen passen, die dies tun oder sagen. Dann können sie zu wahren Verkündern, zu echten Feiernden und damit zu Vorbildern für die Kinder werden.

Klopfzeichen für Gottesdienstfeiern (nicht nur) mit Kindern:
- ◆ Gottesdienst feiern mit Kindern ist wichtiger denn je, denn die neuzeitliche Umwelt macht den Glauben an die Botschaft Jesu Christi schwer.
- ◆ Wir Christen heute, 2000 Jahre nach den Ereignissen in Jerusalem, leben in einer Zeit der Um- und Aufbrüche, die uns zwingen, unsere Wirklichkeit immer wieder neu zu definieren.
- ◆ Wir Christen sind seit zweitausend Jahren dazu aufgerufen, unseren Glauben an die nächste Generation weiterzugeben.

Dabei müssen wir uns immer wieder auf die Suche nach neuen Worten und Bildern begeben, die sagen, was uns wert und wichtig ist.

2. Grundelemente jeden Gottesdienstes oder: Was macht einen Gottesdienst zum Gottesdienst?

Gehen wir zunächst einmal der Frage nach, was der Begriff „Gottesdienst" denn überhaupt bedeutet, was man darunter fassen kann und welches Handeln unter Umständen nicht als gottesdienstliches Tun zu qualifizieren ist.

Man ist schnell versucht, unter „Gottesdienst" (und dies gilt mehr noch für den Begriff „Liturgie"[4]) nur solches Tun zu verstehen, das irgendwie in einem Kirchenraum stattfindet, das mehr oder weniger eine feste Ordnung hat und in dem möglichst ein ordinierter Priester die Federführung innehat.

Schlägt man jedoch in der Bibel nach, fällt einem sogleich ein viel umfassenderes Verständnis von Gottesdienst auf: Der Apostel Paulus schreibt in seinem Brief an die Philipper aus dem Gefängnis in Ephesus: „*Wenn auch mein Leben dargebracht wird zusammen mit dem Opfer und Gottesdienst eures Glaubens, freue ich mich dennoch, und ich freue mich mit euch allen*" (Phil 2,17). Im Römerbrief 12,1–12 wird der Apostel ganz deutlich: „*Angesichts des Erbarmens Gottes ermahne ich euch, meine Brüder, euch selbst als lebendiges und heiliges Opfer darzubringen, das Gott gefällt; das ist für euch der wahre und angemessene Gottesdienst*" (Röm 12,1). Oder im Hebräerbrief steht zu lesen: „*Vergesst nicht, Gutes zu tun und mit anderen zu teilen; denn an solchen Opfern hat Gott Gefallen*" (Hebr 13,16). Oder ein letztes Beispiel: Im Jakobusbrief 1,27 heißt es: „*Ein reiner und makelloser Dienst vor Gott, dem Vater, besteht darin: für Waisen und Witwen zu sorgen, wenn sie in Not sind, und sich vor jeder Befleckung durch die Welt zu bewahren.*" Wir können natürlich an dieser Stelle nicht im Einzelnen diesen

---

[4] Die Begriffe „Gottesdienst" und „Liturgie" werden heute synonym verwandt. Das Wort „Liturgie" entstammt den griechischen Wörtern „leiton" = zum Volk gehörig und „ergon" = Werk, Dienst und meint „den am Volk verrichteten Dienst".

auch aus dem Zusammenhang genommenen Versen nachgehen, doch ist sicher deutlich geworden, dass ganz in Anknüpfung an die alttestamentliche Tempelkritik (vgl. z. B. 1 Sam 15,22 oder die Propheten Amos, Jesaja, Jeremia und Ezechiel) *das ganze von Glaube und Taufe geprägte christliche Leben als Gottesdienst* bezeichnet werden kann. Diese Qualifizierung des gesamten alltäglichen Lebens als Gottesdienst kann sich auch auf Jesus berufen, der z. B. in Mt 9,13 sagt: *„Barmherzigkeit will ich, nicht Opfer."* Wenn also jemand sagt „alles kann Gottesdienst sein", so hat derjenige durchaus recht. Dies ist ein biblisch begründeter Sprachgebrauch.

Im engeren Sinn wird mit dem Begriff „Gottesdienst" aber *ein Verhalten des Menschen bezeichnet, das sich bewusst in die Nähe Gottes stellt, auf diesen hört und ihn – antwortend – anspricht.* Es meint also dem Literalsinn nach den von Gott den Menschen erwiesenen Dienst und den von den Menschen an Gott erwiesenen Dienst: das heißt einen doppelseitigen Dienst im Zueinander von Gott und Mensch.

2.1 Das Heilshandeln Gottes als grundlegender Bezugspunkt allen Feierns

Die Konzilsväter haben sich auf dem Zweiten Vatikanischen Konzil, das in den Jahren 1962 bis 1965 in Rom stattfand, grundlegende Gedanken über das Wesen, den Sinn und Zweck von Liturgie gemacht. Sie haben mit überwältigender Zustimmung eine Konstitution über die heilige Liturgie verabschiedet, die nach den Anfangsworten des lateinischen Textes mit „Sacrosanctum Concilium" (Abkürzung: SC) bezeichnet wird und die noch heute, fast vierzig Jahre nach ihrer Veröffentlichung, das Fundament des katholisch-christlichen Verständnisses über die Liturgie der Kirche bildet. Dort wird das entfaltet, was im Folgenden als Grundelemente christlichen Gottesdienstverständnisses beschrieben wird.

Die Liturgiekonstitution des Zweiten Vatikanischen Konzils enthält keine wörtliche Definition von Liturgie, aber das Dokument beschreibt, was Liturgie ist, nämlich: *Vergegenwärtigung und Fortsetzung der Heilsgeschichte* Gottes mit den Menschen. Versuchen wir uns dieser Aussage im Einzelnen zu nähern:

Da ist einmal von „Heils"-„Geschichte" die Rede. Mit diesem Begriff ist keineswegs gemeint, dass es neben einer innerweltlichen

20

Geschichte (insofern Geschichte immer Inbegriff von Immanenz[5] ist) eine andere Geschichte oder eine andere Zeit gäbe. Die Verknüpfung von „Heil" und „Geschichte" zu „Heilsgeschichte" ist Ausdruck der Überzeugung, dass die profane Welt durchdrungen ist von der Heilsgegenwart Gottes, auch wenn der Mensch sie nicht überall wahrnimmt. Denn wenn von „Heil" die Rede ist, so verweist dies auf eine transzendente Wirklichkeit, weil innerhalb dieser Welt immer nur Vorerfahrungen, aber nie die Vollendung des Heils erfahrbar sein wird. Im Lauf der Zeit hat sich Gott jedoch immer wieder den Menschen zugewandt und an ihnen bereits Heil gewirkt. Davon zeugen die Schriften des Alten und Neuen Testamentes. Diese Zuwendung Gottes, sein Handeln an den Menschen, endet nicht mit dem Tod Jesu Christi und der Verkündigung seiner Auferstehung, auch nicht mit dem Abschluss der kanonischen Schriften; sondern: Heilsgeschichte setzt sich fort im Leben der Kirche. Wie kann das sein?

Die Konzilsväter sprachen auch von Vergegenwärtigung der Heilsgeschichte. Damit sind wir mitten im Herz christlichen Liturgieverständnisses: Die Verkündigung der Kirche sagt, dass immer dann, wenn sich zwei oder drei im Namen Jesu Christi versammeln, wenn sie aus der Schrift lesen und darauf antwortend Gott loben und preisen, dass dann die verkündeten Heilstaten Gottes in der Wirklichkeit des Mysteriums wieder Gegenwart gewinnen. Es ist dann so, als ob diese Heilstaten, die datierbar irgendwann in der Geschichte der Menschheit passiert sind, jetzt wieder mitten in der Gemeinschaft der Glaubenden an diesen versammelten Menschen geschehen. Und weil diese Heilstaten im Erinnern, im Gedenken, im Bedenken von Vergangenem wieder lebendig wirksame Gegenwart werden, eröffnet sich für die Feiernden Zukunft. In der Wirklichkeit des Sakraments bleibt das Handeln Gottes Wirklichkeit, auch wenn dieses Handeln in der Geschichte an einen Zeitpunkt gebunden ist.

Nun wird sicher verständlich, dass Kernbestandteil jedes Gottesdienstes die Verkündigung und das wirkmächtige Gedenken der

---

[5] Mit dem philosophisch-theologischen Begriff der *„Immanenz"* wird das innerweltliche Sein beschrieben, das die Grenzen möglicher Erfahrung und das Bewusstsein des Menschen nicht überschreitet. Der entsprechende Gegensatz zu Immanenz ist *„Transzendenz"*, womit eine Wirklichkeit beschrieben werden soll, die die Grenzen der Erfahrung und der sinnlich erkennbaren Welt überschreitet.

Heilstaten Gottes in der Geschichte ist. Ohne diesen Bezugspunkt kommt kein Feiern aus, will es Gottesdienst sein, also Kommunikation zwischen Gott und Mensch.

2.2 Die dialogische Struktur der Liturgie

Gerade klang an, dass Liturgie immer ein Geschehen ist, in dem Gott und Mensch miteinander in Kontakt sind. Mehr noch: Es ist ein *Dialog zwischen Gott und Mensch.*
Gottesdienst ist demnach kein Tun, das wir als Menschen einem fernen Gott darbringen, so als ob wir diesen Dienst der Gottheit schuldeten. Auch müssen wir diesem Gott des christlichen Glaubens nicht Verehrung zollen, damit er sich uns huldig erweist. Nein, es ist ein Gott, der auf die Menschen zugeht und die Initiative ergreift. Die Liturgie ist der Ort, an dem wir die Zuwendung Gottes – und das heißt seine Gegenwart und Wirkkraft – in besonderer Weise erfahren können. Und diese erfahrene Zuwendung Gottes wiederum macht es uns überhaupt erst möglich, dass wir ihn als den Gott erkennen und ihn lobend und preisend verehren können. Der Dialog zwischen Gott und Mensch geht demnach von Gott aus, er ruft uns zusammen, wir sind es, die auf seinen Anruf antworten. Folgendes Schema wird gerne zur Illustration verwandt.

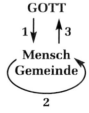

1. Gott wendet sich den Menschen zu.

2. Sammlung und Versammlung als Gemeinde wird möglich aufgrund dieser gemeinsamen Erfahrung.

3. Als versammelte Gemeinde antworten die Menschen auf Gottes Zuwendung.

2.3 Unverzichtbare Kernelemente: Wort Gottes – Antwort des Menschen – Gebet

Wir haben gesehen, dass die Feier der Liturgie als heilswirksamer Dialog zwischen Gott und Mensch zu begreifen ist. In der Geschichte Gottes mit den Menschen ging und geht jede Initiative von Gott aus: Immer ist Gott der Beginnende und der Mensch der zur Antwort Gerufene. Dies findet seinen Widerhall in allen Gottesdiensten, gleich ob es sich um eine Hochform, wie zum Beispiel die Eucharistie, handelt oder um eine ganz einfache gottesdienstliche Feier. Die Kernzelle eines jeden Gottesdienstes ist so gleich benannt:

| Wort Gottes | Antwort des Menschen | Gebet |

Unverzichtbar ist die Verkündigung des Wortes Gottes.
Um diesen Punkt wird in jedem Gottesdienstteam immer wieder mal gerungen. Da ist jemandem ein besonders schöner Text in die Finger geraten, eine wunderschöne Geschichte, die doch die Kinder sicher begeistern würde. Warum sollte diese nicht an Stelle der Lesung aus der heiligen Schrift vorgetragen werden?
Auch wenn die Geschichte, das Gedicht oder die Parabel noch so schön gelungen ist und von noch so viel Lebensweisheit Zeugnis abgibt, sie kann doch weniger als die heilige Schrift. Wenn wir aus der Schrift lesen, dann verhält es sich so, dass dieses Wort jetzt an uns gesprochen wird, so als wären wir die Zeugen damals vor zweitausend Jahren und mehr. Wenn wir beispielsweise in der Osternacht von dem Durchzug der Israeliten durch das Rote Meer hören, dann sind wir jetzt heute diejenigen, denen Gott das gelobte Land verheißen hat, dann sind wir es, die sich auf dem Exodus befinden. In der Liturgie ist quasi die Zeit aufgehoben: Die Vergangenheit wird in der Gegenwart bedacht, damit wir Zukunft haben können. Das ist das, was vorhin als Vergegenwärtigung und Fortsetzung der Heilsgeschichte erfasst wurde. Kein noch so schöner und frommer Text kann daher die Lesung aus der Schrift ersetzen.

Das an uns ergangene Wort Gottes ruft uns zur Antwort.
Diese Antwort kann ganz unterschiedlich aussehen und ist geprägt von den zur Feier versammelten Gläubigen. Unter Umständen wird die Antwort auch vielfältig sein, die einen brauchen Worte der Erläuterung, andere suchen den Ausdruck ihres Glaubens in Gesang und Musik, wieder andere in der Bewegung.
Schon seit den Anfängen der Kirche hat es sich als sinnvoll erwiesen, dass alle Antworten auf den Anruf Gottes im Rahmen des Gottesdienstes in einem *Gebet zusammengefasst* werden, das alle Feiernden mit dem „Amen" – ja, so sei es! – besiegeln können.

Diese Kernzelle im Zueinander von Anruf und Antwort finden wir in jedem Gottesdienst, dem großen und dem kleinen, dem ausgefalteten und dem oft geübten.

2.4 Grundlegende Kriterien einer christlichen Feier

Die innere Dynamik, das „Geheimnis" der Liturgie ist nicht leicht zu begreifen. Zu stark wirken negative Erfahrungen: lieblos gestaltete Feiern, deplazierte moralische Appelle und Vorwürfe, mangelnde Überzeugungsfähigkeit der Rollenträger, vielerorts ein liturgischer „Einheitsbrei", der jede Aktualität und Eigenprägung vermissen lässt. Und doch gibt es die fruchtbaren, befreienden und positiven Erfahrungen mit diesem Gott, der in die Gemeinschaft der Kirche hineinruft, ohne die sich das Christentum nicht über die lange Zeit seiner Geschichte hinweg lebendig hätte erhalten können. Es gäbe keine Kirche, wenn nicht erfahrbar wäre, dass dieser Gott, den wir in unseren Feiern loben und preisen, ein an den Menschen Handelnder ist. In diesem Sinn ist Liturgie als „Leben" konzipiert, als ein Leben, hinter dem zugleich Gott und Mensch stehen, in dem sie sich begegnen.

So wäre es fatal zu meinen, dass es nur darauf ankäme, lediglich einen Ritus, ein Ritual oder einen Kult auszuführen. Unbenommen ist jedoch, dass es gut tut und sinnvoll ist, sich an einer Struktur zu orientieren, die die Gottesdienste der Kirche anbieten. Denn hier ist ein Wissen enthalten, das über die Jahrtausende der Menschheitsgeschichte hinweg erprobt ist. Doch weil Liturgie Leben ist und das eigentliche, sinnvolle und über den Tod hinausweisende Leben vermitteln will, darum ist das ganz konkrete Leben der Menschen, die dem Ruf Gottes folgend zur Feier ihres Glaubens zusammengekommen sind, so wichtig: Der Mensch mit seinen Sorgen und Nöten, Hoffnungen und Wünschen braucht Platz im Gottesdienst, er ist es, der die Antwort auf den Anruf Gottes findet und seinem Glauben Ausdruck gibt.

Beachtet man folgende Kriterien, dann gelingt die Verknüpfung von Liturgie und Leben:

Authentizität ▶ *Das konkrete Leben der feiernden Menschen findet Raum im Gottesdienst.* Dies ist kein notwendiges Übel, um die Menschen besser erreichen zu können, sondern Grundintention von Gottesdienst, denn es geht Gott um den Menschen, heute noch genauso radikal wie damals, als er seinen Sohn in die Welt sandte.

Was im Gottesdienst gefeiert wird, muss seinen Widerschein im Alltag finden: Gottesdienst feiern zeitigt Konsequenzen, wenn die Botschaft Gottes die Herzen der Menschen trifft.

Universalität ▸ *Das Leben in seiner Ganzheit wird gefeiert:* Gottesdienstfeiern hat Platz für Sorgen und Nöte der Menschen, für ihre Klage, aber auch ihre Hoffnung und Bitte. Nichts ist zu unwichtig, um vor Gott getragen werden zu können.

Solidarität ▸ *Die tatsächlichen Probleme der Menschen werden berücksichtigt* und im Licht der Frohen Botschaft beleuchtet.

Sakramentalität ▸ *Die wirksame Gegenwart Jesu Christi scheint auf, wird erfahrbar.* Falsche Gestaltung einer Feier kann auch daran hindern, dass eine geistliche Dimension spürbar wird.

2.5 Die Vielfalt der Formen als Ausdruck der Vielfältigkeit des Glaubens

Wenn wir heute von „Gottesdienst" reden, dann meinen wir damit fast immer „Messe". Für viele katholische Christen ist die Eucharistiefeier auch zu der mit Abstand häufigsten Form „ihres" Gottesdienstes geworden. Manche andere Gottesdienstformen sind fast verschwunden – das gilt zum Beispiel für eine ganze Reihe von Andachten, die vor der Liturgiereform im Zuge des Zweiten Vatikanischen Konzils sehr beliebt waren. Andere Gottesdienstformen kommen in den meisten Gemeinden trotz ihres hohen theologischen Stellenwerts noch lange nicht angemessen zur Geltung – das gilt insbesondere für die Feier der Tagzeitenliturgie, für Laudes, Vesper und Komplet. Wieder andere, neue Formen haben Einzug in unsere Gemeinden gehalten: Man denke da zum Beispiel an Taizé-

Gottesdienste, Frauengottesdienste oder regelmäßige Wortgottesfeiern. Die sich wandelnde personelle Situation (Priestermangel, Seelsorgeeinheiten) bringt zudem eine neue Dynamik in die Frage nach der Notwendigkeit und dem Stellenwert verschiedener Gottesdienstformen.

Wir haben längst erkannt, dass es eine Fehlentwicklung bedeutet, immer nur Eucharistie feiern zu wollen. Zu schnell wurde die höchste Form der Feier des Christen zur Normalform, zur alltäglichen Übung, bisweilen abgenutzt und langweilig. Eine Rückbesinnung auf den Reichtum der verschiedenen Gottesdienstformen lässt auch die Eucharistiefeier wieder an ihrem angestammten Platz erscheinen, nämlich als „Quelle und Höhepunkt gemeindlichen Lebens" (SC 10).

Den idealsten Aufbau des gottesdienstlichen Lebens einer Gemeinde kann man mit einer Pyramide vergleichen. An der Spitze der Feiern, als Gipfel und Höhepunkt, steht die sonntägliche Eucharistiefeier als die Feier des Wochenosterns. Im Zusammenhang mit dieser Feier sind die Feiern der Taufe und Firmung zu sehen; erst sie machen die einzelnen Menschen zu Gliedern der Gemeinschaft Kirche. Die übrigen Sakramentenfeiern entfalten sich auf dieser Grundlage.

Die pyramidale Struktur der Gottesdienste

Das Schaubild verdeutlicht ein Weiteres: Die Feier der Eucharistie fußt auf einem reichen Schatz an Gottesdiensten, die im Leben der Kirche einen ganz verschiedenen Platz einnehmen. Wir sehen an diesem Bild, dass die Spitze der Pyramide zu wanken beginnt, wenn ihm die Fundamente entzogen werden. Es bedarf einer Vielzahl von anderen gottesdienstlichen Formen und Feiern, um den Gipfel erhalten und ihn als solchen erfahren zu können. Erst das Gesamt der gottesdienstlichen Feiern lässt das Leben der Kirche zu einem runden Ganzen werden und die sonntägliche Feier der Eucharistie auch tatsächlich als Höhepunkt allen gemeindlichen Tuns aufscheinen.

Klopfzeichen für Gottesdienstfeiern (nicht nur) mit Kindern:
- Gottesdienst feiern ist als heilswirksamer Dialog zwischen Gott und Mensch zu verstehen. Es ist ein Handeln, dass alle Feiernden schmecken lässt von dem in der Zukunft verheißenen Heil.
- Gottesdienstfeiern steht immer in der Spannung von Tradition und Freiheit. Es ist ein gewachsenes Gut und bietet doch Platz für das jeweils persönliche Leben.

3. Impulse für die Gestaltung von Gottesdienstfeiern mit Kindern

Worauf aber ist bei gottesdienstlichen Feiern, die sich an Kinder und ihre Familien richten, besonders zu achten? Darum soll es im Folgenden gehen.

3.1 Kindergottesdienst – ein Ort besonderer Aktivitäten?!

3.1.1 Weniger ist mehr: *Wider den Aktionismus*

Wird die Forderung nach kindgemäßer Gestaltung der Gottesdienste als Aufforderung zum „Aktionismus" verstanden, so liegt ein großes Missverständnis vor. Nicht nur, dass es eine Überforderung aller Beteiligten bedeutete, wollte man dem Vorbild der Präsentation von Inhalten in den modernen Medien nacheifern, es ist auch alles andere als sinnvoll. Denn: Ein besonderer Gag ermöglicht noch lange keine tiefe religiöse Erfahrung. Oder ein Tanz um den Altar macht die Feier noch lange nicht zu einem bleibenden Erlebnis für die Kinder. Aber: Es ist wichtig, der spezifischen Lebenssituation der Kinder Rechnung zu tragen, also auch mit „Besonderem" zu agieren. Das meint zum Beispiel, den natürlichen Bewegungsdrang der Kinder aufzugreifen und diese zu gegebener Zeit springen, laufen, umhergehen und tanzen zu lassen. Dies alles darf jedoch nicht als Aufführung, als bunter Tupfer oder zur Erquickung der anwesenden Eltern oder Großeltern geschehen, sondern muss verstanden werden als Möglichkeit für die feiernden Kinder, Glauben zu erfahren und ihn auszudrücken. Alles andere wäre Aktionismus, auf den man besser verzichtet.

Das Prinzip „weniger ist mehr" gilt ganz besonders für alle Gottesdienstfeiern mit Kindern. Kinder sollten nicht überfordert werden – auch nicht durch eine Vielzahl von gelungenen Gestaltungsvarianten; das schreckt sie nur ab. Es ist effektiver, sich auf ein Element zu konzentrieren und dies intensiv – auch erfahrungsbezogen – zu gestalten. Also: Vorsicht vor Überfrachtung, auch wenn diese noch so gut gemeint ist.

3.1.2 Notwendig: *Momente des Wiedererkennens*

Kinder brauchen auch im Gottesdienst Momente, die immer wieder vorkommen, die sie wieder erkennen und an denen sie sich orientieren können. Dazu gehört, dass sich Gebete, Formeln und Handlungen wiederholen. Das muss nicht langweilig sein; im Gegenteil: Es hilft ihnen, mit dem gottesdienstlichen Geschehen vertraut zu werden und sich heimisch zu fühlen.

Lernen Kinder bestimmte Gebete, zum Beispiel das Vaterunser, zu sprechen, oder lernen sie den Ablauf bestimmter ritueller und auch formelhafter Sequenzen im Gottesdienst kennen, so kann diese Vertrautheit mit Abläufen ihnen die innere Ruhe vermitteln, in der erst tiefe Erfahrung und so etwas wie Berührung der Seele möglich wird. Die neuzeitliche Umwelt agiert hingegen mit anderen Mitteln: Das immer Neue ist das einzig Richtige; Abwechselung ist alles. Im Gottesdienst ist das nicht so. Vielleicht muss gottesdienstliches Feiern heute gar eine lebensfähige und zukunftsfähige Gegenkultur darstellen.

Ein Weiteres spricht für solche „Momente des Wiedererkennens": Manches, was den Kindern aus Kindergottesdiensten bekannt ist, werden sie auch dann wiederfinden, wenn kein eigens für sie gestalteter Gottesdienst gefeiert wird. Achtet man bei der Gestaltung von Kindergottesdiensten also darauf, dass auch hier manche rituelle Abläufe der „normalen" Liturgie vorkommen, so wachsen die Kinder ganz selbstverständlich auch in die Gemeinschaft mit den erwachsenen Glaubenden hinein.

3.2 *Ganzheitlichkeit* als unverzichtbares Strukturelement

Alles, was im Folgenden ausgeführt wird, gilt im Grunde für die Erwachsenen und die Kinder, ganz gleich ob alt oder jung. Beachten wir diese Zusammenhänge, kommen wir allen Feiernden entgegen, weil immer gilt: Es geht um die ganze Gemeinschaft der Feiernden, auch wenn eine Gruppe, in unserem Fall die Kinder, bei der Gestaltung im Vordergrund stehen.

3.2.1 Symbolische Kommunikation: *die* Form menschlicher Kommunikation

In der Feier der Liturgie werden häufig Symbole und Zeichen verwandt: Da ist das Kreuz als Zentralsymbol christlicher Erlösungsgeschichte, in dessen Zeichen sich die Gemeinde versammelt, oder: da werden Brot und Wein konsekriert durch die Vergegenwärtigung des Pascha-Mysteriums[6]. Dies lässt sich nachvollziehen, weil wir mitten im Kern unseres Glaubens sind. Aber da werden bisweilen auch Kerzen, Tücher, Asche, Blumen, Erde, Früchte und vielfältige andere Symbole und Zeichen im Gottesdienst verwandt. Ja, aber wozu? Ist die Verwendung von Symbolen nur Beschäftigungstherapie oder gar Ausschmückung – also verzichtbares Beiwerk?

---

[6] Der Begriff „Pascha-Mysterium" ist für das Zweite Vatikanische Konzil so etwas wie eine „Kurzformel" geworden, mit der ausgedrückt wird, dass Gott sich in der Geschichte auf vielfältige Weise den Menschen zugewandt hat. Diese Selbstmitteilung Gottes fand seinen Höhepunkt in Leben, Tod und Auferstehung Jesu Christi.

Bei genauerer Betrachtung stellt man fest, dass die *Kommunikation mittels Symbole und Zeichen eine Grundform menschlicher Verständigung* darstellt. Wörter ermöglichen es uns, andere zu verstehen und uns verständlich zu machen. Doch daneben gibt es eine große Anzahl von Zeichen, die nicht an Sprache gebunden sind und dennoch eine Menge aussagen: ein Händedruck, ein Kuss, ein Blumenstrauß, eine Verkehrsampel. Alle diese Zeichen ermöglichen Kommunikation. Dabei kann ein wortloses Zeichen mehr an „Inhalt", an wechselseitigem Einverständnis haben als viele Worte: Eine zärtliche Geste, ein Geschenk kann stellvertretend stehen für gemeinsames Erleben, für Zuneigung und Hoffnung. Es verhält sich sogar so: Je komplexer etwas ist, was wir ausdrücken wollen, um so mehr sind wir auf die Sprache der Zeichen und Symbole angewiesen. In besonderer Weise gilt dies für die Welt des Glaubens. Es gibt Sachverhalte, die sich auf direkte und eindeutige Weise gar nicht ausdrücken lassen. Wir brauchen dann eine Sprache, die mehr transportiert als nur einen klar fassbaren Sinn, eine Sprache nämlich, die aufgeladen werden kann mit einer Bedeutung, die dann erst vom Hörer oder Betrachter wieder umgesetzt und innerlich verstanden werden muss. Wenn es um tiefe seelische Vorgänge oder um emotionale zwischenmenschliche Geschehnisse geht, dann sind wir auf symbolische Zeichen und Worte angewiesen, weil wir uns sonst nicht mehr ausdrücken können. Symbolische Kommunikation ist also eine höhere Sprachform und keine Verlegenheitslösung.

Dass wir Symbole meist sofort „verstehen" oder doch von ihnen betroffen sind, hängt wohl damit zusammen, dass alle Menschen in irgendeiner Weise am Erfahrungsschatz der gesamten Menschheit teilnehmen. Es wurde uns ein geheimes Bilderarsenal mitgegeben, das nun in uns ruht, aber bei bestimmten Situationen aufwacht und sich zu Wort meldet. Die Gemeinsamkeit der Bildersprache kommt vor allem in der Ausdrucksweise von Mythen und Märchen zum Ausdruck.

Symbolische Elemente gibt es überall in unserem Leben, sie sind der Schlüssel zu einem tieferen Verständnis des Daseins. Denn ein Symbol weist immer über sich hinaus, hat eine Kunde, eine zeichenhafte Bedeutung, die erschlossen werden muss. Die Mehrdeutigkeit der Symbole ist demnach keine Schwäche, sondern gerade die Stärke dieser Kommunikationsform, denn hier können sich Menschen an ein öffentliches System anschließen, das ihnen dabei hilft, ihre

Grundfragen zu beantworten und ihre Grundkonflikte zu lösen. Im Gottesdienst werden symbolische Vorgänge dargestellt, die über sich hinausweisen und dabei auf Werte und Vorstellungen verweisen, an denen sich die ganze Gemeinschaft der Gläubigen orientieren kann und die man nur in ihr versteht. Gottesdienst ist also mehr als ein öffentlich geregelter Kult, er ist ein tief religiöser Vorgang, in dem Glauben zum Ausdruck kommt, in seiner Bedeutung für uns selber, für unsere Beziehung zu Gott und zu anderen Menschen.

Viele unserer Gottesdienste zeichnen sich jedoch durch bisweilen ernüchternde Symbolarmut aus. Da wird zwar Brot und Wein gewandelt, aber wir erkennen kaum noch dieses Brot als Brot und nur selten können wir von dem Wein kosten. Wir sagen zwar, wir hielten Mahl miteinander und doch stehen wir in einer Schlange an, um eine Oblate zu erhalten. Wir glauben zwar an Christus als das Licht der Welt, doch ist Licht so selbstverständlich in unserem Alltag geworden, dass wir das Besondere kaum erkennen können. Die offenbarende Kraft vieler Symbole ist durch den technischen Fortschritt, die Entfremdung von der Natur und auch durch den Begegnungsmangel im Alltag geringer geworden und doch sind die Grunderfahrungen des Menschen immer noch die gleichen: Sie bewegen sich in der Dynamik von Licht und Dunkel, Wärme und Kälte, Hunger und Durst, Essen und Trinken, Leben und Tod. Die Möglichkeiten des heutigen Menschen, Symbole zu verstehen und auf diesem Weg zu Gotteserfahrung zu kommen, sind entgegen früherer Generationen nicht mehr von seinem Verhältnis zur Natur und seiner Zeichenhaftigkeit bestimmt, sondern vom Erleben seiner Selbst und von der zwischenmenschlichen Begegnung.

3.2.2 Stille, Ruhe, Besinnung: auch für Kinder?

Schweigen und Stille – zwei menschliche Grundbedürfnisse, deren Bedeutung und Notwendigkeit für ein ganzheitliches Feiern erst langsam wieder in den Blick kommt. Lange unterlag man dem Irrtum, der Forderung nach einer „tätigen Teilnahme" aller Versammelten könne nur durch „Aktion" entsprochen werden. Gerade in unserer schnelllebigen, lauten Welt sind Zonen der Stille, Zeiten des Schweigens, Momente der Ruhe ungeheuer wichtig. Dieser Wunsch nach Stille auch im Gottesdienst, also mitten im Feiern, bedeutet nicht bloße Abwesenheit von Lärm und Tätigkeit, sondern ist Ausdruck der Suche nach inneren Kraftquellen, dem Bedürfnis, mit der Seele in Berührung zu kommen. Orte der Stille sind für jeden recht unterschiedlich: So kann man beispielsweise Jugendliche beobachten, die mitten in der lautesten Musik ganz in sich versunken sind, oder auch Erwachsene, die im Straßencafé eines belebten Marktplatzes einmal die Augen schließen können und Entspannung finden. Andere sind erfüllt von „Stille", wenn sie auf einem Spaziergang im Wald das bisweilen laute Vogelgezwitscher hören oder auf einem Berggipfel sitzen und die Stille fast körperlich spüren können.

Weil Leben und Liturgie zusammengehören, braucht auch jeder Gottesdienst Momente des Schweigens und der Stille, je nach Art des Gottesdienstes, kirchenjahresspezifischer Befindlichkeit oder auch je nach Anlass des Gottesdienstes in unterschiedlicher Intensität.

Übrigens: Gerade von Kindern kann man lernen, still zu sein und die innere Mitte zu finden. Wen dies überrascht, der achte einmal darauf.

3.2.3 Musik und Gesang: die ganz besonderen Schwingungen

Singen und Musizieren im Gottesdienst ist eine besondere und notwendige Äußerung christlichen Glaubens, denn: Singen, instrumentales Musizieren, Tanzen, Zuhören usw.: also das musikalische Verhalten in seinem ganzen Umfang ist *eine Form zwischenmenschlicher Kommunikation*. Das heißt: Es ist einerseits wahrnehmbarer Ausdruck mit ihm eigener Bedeutung und andererseits auch wahrgenommenes Ereignis.

Alle Erklärungen über den *Sinn der Musik* lassen sich auf zwei Grundmodelle zusammenführen:

– Musik ist die *Sprache der Empfindungen*, geht also vom Menschen aus;
– Musik ist die *Sprache des Himmels* bzw. *des Kosmos*, wird also vom Menschen vorgefunden und nachgeahmt.

Das heißt: Musik bringt der Mensch entweder aus sich selbst hervor oder er findet sie in seiner Umwelt vor: im Gesang der Vögel, im Rauschen von Wind und Wasser, im drohenden Krachen des Donners ... Das *Singen* ist stärker dem Ausdruck der eigenen Empfindungen zugeordnet; durch den Gebrauch von *Instrumenten* hingegen nimmt der Mensch eher an der Musik des Himmels teil.

Wie die verbale Sprache rational fassbare Inhalte auszusagen und mitzuteilen vermag, so kann Musik rational nicht fassbare, ja letztlich unaussprechliche Gegebenheiten ausdrücken und mitteilen. Es sind vor allem Stimmungen, die durch die Stimme ausgedrückt und mitgeteilt werden. Musik und Bewegung, vor allem Tanz, gehören untrennbar zusammen. So sind Gesang und Musik Ausdruck der Freude, der Freiheit, des Glücks, der Hoffnung, der Liebe, der Geborgenheit ... aber auch des Schmerzes, der Trauer, der Angst, des Unglücks, der Verzweiflung ... und immer auch Ausdruck der Sehnsucht nach Rettung und Erlösung.

Musik und Gesang sind unverzichtbare Äußerungen christlichen Glaubens: Wer erfahren hat, dass Gott gnädig und treu ist, dass er sich immer wieder den Menschen heilvoll zuwendet und sich als jemand erweist, der zu seiner Schöpfung steht, der muss sein Berührtsein, seine Betroffenheit dankend, jubelnd, preisend kundtun.

Klopfzeichen für Gottesdienstfeiern (nicht nur) mit Kindern:
♦ Gottesdienst feiern betrifft immer den ganzen Menschen, sein Herz, seinen Verstand, sein Fühlen und sein Denken. Es ist wichtig, im Dialog zwischen Gott und dem Menschen auch alle Dimensionen der menschlichen Existenz sprechen zu lassen.

4. *Zeit* als grundlegende Erfahrung des Menschen

Unsere Zeit wird weitgehend durch den Terminkalender geregelt, den schon manche Kinder als elektronische Exemplare immer bei sich tragen. Die Zeit wird bestimmt durch Tage, Wochen und Monate, in denen jeden Morgen aufgestanden werden muss, um zur Schule oder zur Arbeit zu gehen. Dieser Ablauf wird unterbrochen durch Ferientage und -wochen.

Die Woche wiederum ist strukturiert durch Schulzeiten, Hausaufgaben, Freizeitaktivitäten und vieles andere, das sich immer wiederholt. Ganz wichtig erscheint das Wochenende als immer wiederkehrender Kurzurlaub. Und auch jeder Tag hat meist seine feste Einteilung. Wir rechnen und denken in Stunden, Tagen, Monaten und Jahren.

4.1 *Zeit und Mensch*: Von der Notwendigkeit der Gestaltung von Zeit

Die Zeit ist etwas, das dem Menschen und all seiner Wahrnehmung vorgegeben ist. Menschliche Zeiterfahrung wird dabei zunächst vor aller kulturellen Gestaltung durch kosmische, vegetative und biologische Rhythmen bestimmt. Die ursprüngliche und grundlegende Erfahrung ist dabei der Wechsel von Tag und Nacht, von Hell und Dunkel, der in der Drehung der Erde um ihre eigene Achse wurzelt. Dieser Wechsel von Tag und Nacht begründet die Zeitebene des Tages, der Lauf des Mondes um die Erde die Zeitebene des Monats und der Lauf der Erde um die Sonne die Zeitebene des Jahres. Im Lauf des Jahres gibt es eine Reihe von zyklischen Abläufen: Sommer und Winter, Hitze und Frost, Dürre und Regen, Aussaat und Ernte, also die Erfahrung der Veränderung, des Vergehens und des Neuanfangs. All dies bestimmt den Menschen grundlegend bis hinein in seine jeweils eigenen biologischen Rhythmen.

Der Mensch hat schon immer seine Zeiterfahrung durch kulturelle Festlegung zu formen gesucht. Dafür ist die Zeitebene der „Sieben-Tage-Woche" ein Paradebeispiel. Wieso gerade die Einheit von sieben Tage zum wichtigen Gestaltungsmoment im Erleben der Zeit wurde, ist nämlich nicht genau geklärt, denn der direkte Bezug zwischen den Mondphasen ($4 \times 7 = 28$) und der Zeiteinheit „Woche" ist nicht eindeutig – so sagt die Forschung. Vermutlich haben kulturelle und gesellschaftliche Bedürfnisse zu dieser Zeiteinteilung geführt.

4.1.1 Der Mensch im „Zeitalter der Beschleunigung"

Die gerade beschriebenen grundlegenden Zeiterfahrungen gelten heute wie eh und je. Und doch bestimmt den Menschen des beginnenden dritten Jahrtausends noch ein Weiteres: Die Zeit wird als immer schnelllebiger und ständig im Wandel empfunden. Das eben noch Neue ist schon veraltet und zeigt sich als überholt. Auf nichts ist mehr Verlass. Technische und industrielle, wissenschaftliche und ökonomische Neuerungen lösen einander in immer rascheren Zyklen ab. Viele Menschen verlieren an Halt und Orientierung. „Gegenwart wird im Zeichen der Zukunft immer schneller Vergangenheit, und selbst die Zukunft verspricht nichts mehr wirklich

34

Neues zu bringen, weil dies als gerade noch gegenwärtig bereits wieder dem Prozess des Alterns und Überholtwerdens unterworfen ist. Die Zukunft wird möglichst sofort und vollständig erwünscht, allerdings mit der Gewissheit und Maßgabe, sie sogleich wieder hinter sich zu lassen und nach dem nächsten Innovationsschub Ausschau zu halten. Die Müllhalden des vorübergehend Aktuellen, dann aber endgültig Überholten türmen sich im Zeitalter der Unterhaltungselektronik und des Computers immer höher auf. Die gewichtigen Erfindungen von morgen drohen heute bereits Vergangenheit zu sein."[7]

Trotz aller Erfindungen und Verbesserungen, die der täglichen Ersparnis von Zeit dienen, ist ein Charakteristikum der heutigen Zeiterfahrung, dass niemand mehr Zeit zu haben scheint. Der Roman „Momo" von Michael Ende erzählt davon: Je mehr Zeit gespart wird, desto weniger haben wir davon. Das Gut „Zeit" zerrinnt uns zwischen den Fingern. Statt weniger Hektik und dem zufriedenen Genießen der aufgesparten Zeit stellt sich eine immer mehr anwachsende Beschleunigung ein, die dem Menschen keine Ruhe mehr lässt.

4.1.2 Strukturierung der Zeit als menschliches Grundbedürfnis

Zeit erscheint als eine Größe, die dem Menschen zugemessen ist und doch nicht verfügbar bleibt. Es ist ihm immer während Aufgabe, seine Zeit zu gestalten. Das gilt für jeden einzelnen Tag seines Lebens und jeweils neu für jeden Lebensabschnitt. Es wohnt dem Menschen das Bedürfnis inne, seine Zeit so zu gestalten, dass ihn schlussendlich die Gewissheit erfüllt, dass das Dasein gelungen ist.

Gerade in unserem Zeitalter der Beschleunigung breitet sich oftmals qualitätslose Langeweile aus, wenn die Notwendigkeit, jeweils selbst die Zeit zu gestalten, nicht wahrgenommen und angegangen wird. Der Mensch fühlt sich entweder „fremdbestimmt" oder leer und ohne Sinn.

---

[7] Arno Schilson, Leben aus der Mitte der Zeit. Über die Feier der Liturgie im Zeitalter der Beschleunigung, in: Liturgia semper reformanda. Festschrift Karl Schlemmer. Hg. v. Anselm Bilgri und Bernhard Kirchgessner. Freiburg u. a. 1997 [172–192] 173 f.

4.1.3 Fest und Feier als wichtige Stationen im Lebenslauf

Einen wichtigen Beitrag zur Strukturierung der Zeit liefern Feste und Feiern im Ablauf des Jahres und des Lebens. Nicht umsonst erfreut sich das Fest der Geburt Jesu Christi auch in nachchristlich geprägter Umwelt so großer Beliebtheit: Es ist ein Familienfest geworden, das die langen Monate der dunklen Zeit mit seiner Lichtsymbolik gestaltet und dem Menschen auch jenseits christlicher Erfahrung Halt und Orientierung, Ruhe und Lebensfreude geben kann. Die Untersuchungen zur Religiosität des postmodernen Menschen haben gezeigt, dass die Verbundenheit mit einer konkreten Gemeinde und Kirche zwar im Schwinden begriffen ist, jedoch die Menschen unvermindert religiös sind, mit einem veränderten Gesicht zwar, aber dennoch offen für alles, was sein Dasein übersteigt. Sicher kann man den Hang der Menschen zu verschiedensten Erscheinungsweisen des Religiösen bedauern und kritisieren, aber trotzdem gilt: „So diffus und undurchsichtig, so vielschichtig und unkonturiert sich diese ‚vagierende Religiosität' auch darstellen mag ... so zeigt sich doch eine erstaunliche Offenheit auch des heutigen Menschen für eine religiöse Botschaft, die ihn mitten aus dieser Zeit heraus erreicht."[8] Es ist die Aufgabe der christlichen Gemeinden, die religiösen Sehnsüchte der Menschen wahrzunehmen, sie aufzugreifen und die Botschaft Jesu Christi als Antwort anzubieten.

Auf diesem Hintergrund kann man auch denen begegnen, deren Abstände, in denen sie etwas mit ihrer Gemeinde zu tun haben wollen, lang geworden sind: zur Taufe, Erstkommunion, Hochzeit, Beerdigung und zum Weihnachtsfest. Denn an diesen Punkten halten Menschen inne und nehmen sich Zeit zum Feiern in der sicheren Gewissheit, dass das Leben nicht sinnlos und vergebens ist. Mitten in diesen Feiern – im Gottesdienst nämlich – erfahren sie einen Umgang mit Zeit, der ganz gegensätzlich ist zu dem, was ihnen sonst begegnet.

4.2 *Zeit und Kind:* Zwischen Langeweile und Begeisterung

Nicht die Zeit als solche, sondern das, was in ihr geschieht, qualifiziert und modifiziert das Erleben der Zeit: Eine Zeitspanne oder

---

[8] Ebd. 179 f.

36

ein Augenblick wird lang oder kurz erfahren, je nachdem ob viel oder wenig erlebt wird. Das gilt insbesondere für die Kinder – aber letztlich auch für jeden erwachsenen Menschen.

4.2.1 Kindheit als Entwicklungszeit mit Eigenwert

Kindheit ist nicht einfach ein Durchgangsstadium zum Erwachsensein, sondern ist notwendig und sinnvoll eine eigene Lebensphase. Kindsein bedeutet, über viele Jahre hinweg bishin zur Pubertät einen Erziehungs- und Lernprozess zu durchlaufen mit dem Ziel, erwachsen zu werden. Auch wenn sich die Lebensstile von Erwachsenen, Kindern und Jugendlichen in Sprache, Kleidung und Sitten immer mehr angleichen, so ist ein Kind doch noch lange kein kleiner Erwachsener. Es ist wichtig, Kinder als solche wahrzunehmen und ihnen entsprechend ihrer Möglichkeiten und ihrer Bedürfnisse zu begegnen.

Dazu gehört, dass gerade in Gottesdienstfeiern mit Kindern – entgegen der zum Teil widersprüchlichen Erwartungen und Anforderungen seitens der Gesellschaft, wonach die Kinder einerseits immer früher viel „leisten" müssen und selbstständig sein sollen, aber andererseits immer häufiger dem Leben der Erwachsenen Sinn geben sollen – diese einfach nur dasein können, wie sie sind, mit ihren Fehlern und Schwächen, Unfertigkeiten und Träumen.

4.2.2 Auf dem Weg zu gefüllter und erfüllter Zeit

Die Zeit vieler Kinder ist bestimmt durch die modernen Kommunikationsmedien, wobei die Nutzungsdauer des Fernsehens schon bei kleineren Kindern hoch ist. Spätestens für die größeren Kinder wird der Computer mit seinen vielfältigen Nutzungsmöglichkeiten gegenüber dem Fernsehen viel wichtiger. Immer mehr Zeit verbringen sie vor dem Bildschirm und sind daher stärker geprägt durch schnell wechselnde Szenarien, bunte Bilder und starken „Sound". Bietet sich dies alles nicht, so reagieren viele Kinder zunächst einmal mit Langeweile und Lustlosigkeit.

Einen großen Fehler würde es bedeuten, wollte man im Gottesdienst mit ähnlichen Mitteln agieren, wie die Medien es tun. Nicht nur, dass ein solches Vorgehen immer stümperhaft bleiben und sofort als bloße Nachahmung und Anbiederung entlarvt würde, es würde auch dem Wesen von Gottesdienst nicht gerecht werden. Gottesdienst feiern will gerade keinen suggestiven und manipulativen Einfluss auf die Mitfeiernden oder gar auf Gott ausüben, es will nichts bewirken oder bezwecken, sondern hat seinen Sinn in sich selbst, weil es ein „Vorgeschmack", ein Anklingen und ein Vorausschauen auf das Leben ist in der Fülle der Zeit. Bei aller Gestaltung von Gottesdienstfeiern mit Kindern (und Erwachsenen) muss es darum gehen, die Kommunikation zwischen Gott und den Menschen zuzulassen und zu ermöglichen. Dies ist keine Platitüde, sondern erfordert Einsatz, viel Überlegung und kritische Rückschau auf vergangene Feiern, denn eine geistliche Atmosphäre und ein geschwisterliches Miteinander wird bisweilen durch Kleinigkeiten ver- und behindert.

4.3 *Zeit und Gottesdienst:* Feier in der vorgegebenen Zeit und dennoch jenseits aller Zeit

4.3.1 Gestaltung der vorgegebenen menschlichen Zeit

Versucht man die unterschiedlichen gottesdienstlichen Feiern der Kirche zu strukturieren, so fällt auf, dass mittels verschiedener Feiern die vorgegebene menschliche Zeit gestaltet wird. Es zeigt sich eine Vielzahl von Gottesdiensten in der Zeit, in Woche, Jahr und Tag.

- ♦ *Gottesdienst im Rhythmus der Woche: Die sonntägliche Feier der Eucharistie*
  Von Anbeginn der Kirche an kamen die Christen am Sonntag, dem Auferstehungstag Jesu Christi, als dem Wochen-Ostern zusammen, um gemeinsam Eucharistie zu feiern. Das Ideal der täglichen Eucharistie war im ersten Jahrtausend unbekannt. SC 106 spricht vom Sonntag als dem „*Urfeiertag*", als dem „*Fundament des ganzen liturgischen Jahres*".
- ♦ *Gottesdienst im Rhythmus des Jahres*
  Der Begriff „Kirchenjahr" lässt den Eindruck aufkommen, dass es sich um ein inhaltlich geschlossenes, von einem theologischen Grundgedanken aus konzipiertes System einer Zeitgliederung handele. Aber dem ist nicht so. Besser könnte man von der Gesamtheit christlicher Feste oder von der Heiligung der

Zeit sprechen. SC 102 gibt den theologischen Ansatz für die Struktur: *„Im Kreislauf des Jahres entfaltet sie [die Kirche] das ganze Mysterium Christi von der Menschwerdung und Geburt bis zur Himmelfahrt, zum Pfingsttag und zur Erwartung der seligen Hoffnung und der Ankunft des Herrn."* Ausgangspunkt und Mitte des Kirchenjahres ist also das Jahres-Ostern, von dem ausgehend sich die verschiedenen Feiern entfalten.

♦ *Gottesdienste im Rhythmus des Tages*
Lange ist das „Brevier-Beten" als verbindlich zu verrichtendes Tun allein der Kleriker verstanden worden. Im Rückgriff auf die Praxis der Alten Kirche stellte das Konzil die Stundenliturgie oder die Tagzeitenliturgie, deren „Angelpunkte" (SC 89) das tägliche Morgenlob (Laudes) und das tägliche Abendlob (Vesper) sind, als eigentliches „Kirchen-Gebet" heraus, das Aufgabe aller Christgläubigen ist (SC 100).

♦ *Gottesdienst im Rhythmus des Lebens*
– Feier der Initiation: Taufe, Firmung, Erstkommunion
– Feier von Umkehr und Versöhnung (die alte „Einzelbeichte")
– Krankensalbung
– Feier der Ordination zum Diakon, Priester und Bischof
– Feier der Trauung
– Begräbnis
– Segnungsfeiern

4.3.2 Aufhebung der Zeit als wesentliches Moment der Liturgie

Das „Geheimnis" der Liturgie besteht geradezu in der Aufhebung der Zeit. In der Gegenwart, in der sich Menschen dem Ruf Gottes folgend versammelt haben, um sich ihres Glaubens zu vergewissern und ihn zu bekennen, wird an vergangenes Geschehen gedacht, damit sich für die Feiernden Zukunft eröffnet. Indem Menschen also zusammenkommen und immer wieder neu von der Botschaft Gottes hören, die Erfahrungen erinnern, die Menschen über die Jahrtausende mit diesem Gott gemacht haben, können sie auch ihre jeweils eigenen Lebenssituationen in diesem Licht überprüfen, gegebenenfalls in einen anderen Horizont einordnen, Hoffnung schöpfen und einen Neuanfang wagen, weil das Handeln Gottes an den Menschen kein vergangenes, abgeschlossenes Handeln ist, sondern im Erinnern gegenwärtig und damit wirkmächtig ist. Gottesdienst feiern vollzieht sich also in qualitativ veränderten Zeitdimensionen, auch am Ende der Zeit hat der Ursprung nichts von seinem Glanz und seiner Kraft verloren. Im Feiern wird das Göttliche der Welt und der Jetztzeit vermittelt; Vergangenheit, Gegenwart und Zukunft sind in diesem Geschehen aufs Engste miteinander verbunden und ermöglichen so ein Leben aus der Mitte der Zeit.

Klopfzeichen für Gottesdienstfeiern (nicht nur) mit Kindern:
◆ Jedem einzelnen Menschen wohnt das Bedürfnis nach einem erfüllten Leben, nach erfüllter Zeit inne. Den Vorgeschmack des Seins in Lebensfülle kann gottesdienstliches Feiern bieten.

5. Erfahrungsräume der Kinder im Rhythmus der Zeit

5.1 Natur als Grunderfahrung: Zeiten der Natur

5.1.1 Schöpfung als Auftrag des Menschen

„Die Erde ist voll deiner Güter" – so ruft der Psalmist in Psalm 104,24. Das Lob auf die Schöpfung ist eine Grundmelodie, die die ganze Heilige Schrift durchzieht. Gott, der Schöpfer aller Dinge – das Grundbekenntnis unseres Glaubens.
Es geht dabei nicht um die Alternative „Schöpfung oder Evolution", also um die Frage, wie sich das Bild vom Schöpfergott zu den naturwissenschaftlichen Erkenntnissen über die Entstehung der Welt verhält. Sinn und Zweck aller Rede von Gott als dem Schöpfer der Welt ist das Bekenntnis zu Gott, dem Ursprung allen Seins, der zugleich das Ziel allen Seins ist, zu einem Gott also, der zugleich Retter und Vollender der Welt ist. In der Sprache der Naturwissenschaften bleibt hingegen die alte philosophische Frage: „Warum ist überhaupt etwas und nicht vielmehr nichts?" unbeantwortet, der Glaube aber vermag hier Antwort und dem Menschen Halt in seiner Gegenwart zu geben.
Viele Menschen plagen geradezu apokalyptische Ängste, weil sie tagtäglich Nachrichten hören, die davon Kunde bringen, dass der

Mensch seine eigene Lebensgrundlage zerstört: Umweltverschmutzung, das immer größer werdende Ozonloch, die durch menschliche Eingriffe in die Natur verursachten Umweltkatastrophen und vieles mehr. Solche Ängste haben realistische Grundlagen, doch können sie auch lähmen. Dagegen hilft, sich immer wieder vor Augen zu führen, dass die Schöpfung dem Menschen von Gott anvertraut worden ist. Der Herrschaftsauftrag ist missverstanden, wenn aus dem segensreichen Wirken ein Zerstören wird. Dann hat der Mensch den Auftrag Gottes gänzlich verfehlt. Sein Auftrag – als Ebenbild Gottes – lautet, segensreich gegenüber der gesamten Schöpfung zu wirken. Dann erst wird er dem gerecht, was seine Existenz als Ebenbild Gottes ausmacht.

Kinder zeigen gemeinhin großes Interesse am Thema „Schöpfung". Sie haben oft eine besonders innige Beziehung zu ihren Haustieren und lieben es zu sehen, wie die Natur wächst und vergeht. Gerade bei Kindern ist häufig auch eine hohe Sensibilität für die Bedrohungen der Natur zu spüren. Gleichzeitig haben sie schon früh Erfahrungen damit gemacht, dass sie sich auch wenig liebevoll, bisweilen auch gewalttätig gegenüber anderen Geschöpfen verhalten können, wenn sie beispielsweise mutwillig Ameisen tottreten oder einer Fliege ein Bein ausreißen. Daher ist es wichtig, schon früh den Kindern zu vermitteln, was in der Schöpfungsordnung Gottes grundgelegt ist.

5.1.2 Gottesdienstmodelle

5.1.2.1 „Und Gott sah, dass es gut war"

Erläuterung des Modells

Folgendes Gottesdienstmodell ist konzipiert etwa für eine Schulklasse, die sich auf Klassenfahrt befindet, oder für Kinder, die gerade in einem Ferienlager sind. Anlehnend an frühere Flurprozessionen ist der Weg durch die Natur, also durch die Schöpfung, ein wichtiger Bestandteil des Gottesdienstes. Natürlich ist eine solche Feier zu jeder Jahreszeit möglich, am prägnantesten ist sie jedoch vielleicht, wenn die Kinder am frühen Morgen eines schönen Frühlings- oder Frühsommertages gemeinsam dieses Lob Gottes begehen.

Begrüßung	Die Kinder versammeln sich am frühen Morgen, um gemeinsam die Schöpfung Gottes durch eine Prozession über die Felder, Wiesen und Wälder wahrzunehmen und Gott für sein Werk zu loben und zu rühmen.
Gebet	Zu Beginn des Weges ist es wichtig, sich auf die Besonderheit dieses gemeinsamen Tuns zu besinnen: Es ist kein Spaziergang durch die Natur, sondern eine gottesdienstliche Feier. Somit verdeutlicht das Gebet, dass Gott selbst mitten unter den Feiernden ist und den Weg mit ihnen geht.
Überleitung zur Prozession	Nun ergeht an die Kinder die Einladung, sich auf den Weg zu machen.
Hauptteil	
Wahrnehmungs-übung	Diese Übung dient der Sensibilisierung auf den Schöpfungsbericht, der anschließend verlesen wird.
Biblische Lesung	Der 1. Schöpfungsbericht aus dem Buch Genesis wird mit verteilten Rollen gelesen, wodurch der Rhythmus des Textes, der ein echter Hymnus ist, deutlich wird. Alle Kinder können mit mitgebrachten, u. U. selbst gebastelten Rhythmusinstrumenten Gott zujubeln, wenn er sein Werk begutachtet und zum Urteil kommt: „Alles ist gut!"
Lied	Das Lied „Laudato si", der Sonnengesang des heiligen Franziskus, ist der Lobpreis auf die Schöpfung schlechthin und bei den Kindern so bekannt, dass sie dieses Lied weitgehend ohne Textblatt mitsingen können.
Überleitung zur Fortsetzung des Weges	Was im Sonnengesang besungen wurde, ist die Grundmelodie des Psalters: Die Schöpfung Gottes drängt den Menschen zu immer währendem Lob. Der Psalm 104 ist ein explizites Loblied auf die Schöpfung Gottes. Die Kinder werden gebeten, ihren Weg in Gruppen zu zweit oder zu dritt fortzusetzen, dabei den Psalm 104 zu lesen und ihn als Anregung für die Formulierung weiterer Strophen zur Melodie des Laudato si zu verwenden. Der Lobgesang soll also den weiteren Weg tragen und bestimmen.
Lied	Wenn die Prozession der Kinder einen geeigneten Ort erreicht hat, können die einzelnen Gruppen die Strophen vortragen, die ihnen auf dem Weg eingefallen sind. Sollten nicht alle Kinder eigene Strophen formuliert haben, so können noch einmal einige Strophen des Laudato si wiederholt werden.
Vaterunser	Das Gebet des Herrn verbindet alle Gläubigen und lehrt sie, was es heißt, ein Kind Gottes zu sein.

Schlussteil	
Gebet	Das Schlussgebet fasst noch einmal zusammen, was Inhalt und Ziel des gemeinsamen Gottesdienstes war.
Segensbitte	Im Rahmen des Schöpfungshymnus wird der Mensch gesegnet und soll als Vertreter Gottes auf Erden segensreich gegenüber der Schöpfung wirken. Dazu soll der erneute Segen Gottes Kraft und Mut geben.
Entlassung	Der morgendliche Gottesdienst ist vielleicht der Anfang eines ereignisreichen Ferientages. So soll er auch ausstrahlen auf alles Tun des ganzen Tages.

Modell

Thema

Lob auf die Schöpfung

Ziel

In den „Erzählungen vom Anfang" gibt die Bibel Antwort auf die Grundfrage nach dem Warum und Wozu menschlicher Existenz. Das Staunen über den Heilsplan Gottes mündet in den Lobpreis Gottes, was den Kindern Sicherheit und Halt in ihrer eigenen Existenz gibt.

Material

Rhythmusinstrumente
Liedblatt „Laudato si" und Psalm 104

▪ Eröffnungsteil

Es ist unbedingt erforderlich, dass der Weg der Prozession im Vorfeld des Gottesdienstes „abgeschritten" wird und geeignete Plätze ausgesucht werden, an denen Station gemacht werden kann.

Begrüßung
Die Kinder versammeln sich an einem geeigneten Ort, von dem aus die Prozession ausgehen kann.

Guten Morgen, liebe Kinder.
Heute sind wir alle ganz früh aufgestanden, um miteinander in die Natur hinaus zu gehen. Wir wollen allerdings keine einfache Wanderung oder etwa einen Lehrgang durch Feld und Wiesen

machen, sondern wir wollen uns aufmachen, um die Natur als Gottes Schöpfung zu erfahren. Wir wollen all unsere Sinne öffnen und in uns aufnehmen, wie wunderbar Gott die Welt geschaffen hat.

Gebet
Lasst uns nun zu Beginn unseres Weges zu Gott beten:

Lebendiger Gott,
aus dem Nichts hast du diese Welt geschaffen; alles ist nach deinem Plan entstanden. Sei du jetzt mitten unter uns, wenn wir uns auf den Weg machen, um deiner Schöpfung nachzugehen. Darum bitten wir dich durch deinen Sohn und unseren Bruder Jesus Christus, der in der Einheit des Heiligen Geistes mit dir lebt und herrscht in alle Ewigkeit. Amen.

Überleitung zur Prozession
Nun machen wir uns auf den Weg.
Damit wir die Welt, die uns umgibt, auch als „Schöpfung Gottes" wahrnehmen können, möchte ich euch einladen, den Weg ganz ruhig für euch zu gehen, zu hören, zu riechen und vielleicht auch zu staunen über das, was euch alles begegnet.

▪ Hauptteil ────────────

Die Prozession macht Station an einem geeigneten Ort, an dem die Kinder sich bequem hinsetzen können.

Wahrnehmungsübung
Nachdem wir nun schon ein ganzes Stück Weg gegangen sind, wollen wir hier Station machen, um das Wort Gottes vom Anfang dieser Welt zu hören. Um uns aufnahmebereit für die Verkündigung des großen Liedes vom Beginn der Welt zu machen, wollen wir zunächst versuchen, in unserem Innern ganz ruhig zu werden, all unsere Sinne zu öffnen und wachsam zu werden für das, was Gottes Plan ist.
Jeder und jede versucht nun, sich bequem hinzusetzen, so dass ihr auch einige Zeit so sitzen bleiben könnt. Damit wir uns ganz auf uns selbst konzentrieren können, ist es hilfreich, wenn wir einfach die Augen schließen. Dem Einen oder der Anderen werden vielleicht die Augenlider zittern, aber das macht nichts, das gibt sich mit der Zeit.

Wir beobachten einfach unseren Atem, wie er kommt und geht. Wir atmen ein und aus, ganz in unserem Rhythmus. Wir spüren dabei, wie der Atem uns erfüllt und stärkt. Mit jedem Atemzug nehmen wir die Kraft des Lebens in uns auf, und jedes Mal, wenn wir ausatmen, verlässt all das unseren Körper, was uns unruhig werden lässt. – *Stille* – Der Atem kommt, der Atem geht, eine innere Ruhe und Stille erfüllt uns. – *Stille* –

Diese innere Ruhe lässt all unsere Sinne offen werden für das, was um uns geschieht: Ich höre vielleicht den Atem meines Freundes neben mir, ich höre die Vögel zwitschern, den Bach plätschern, die Bienen summen und die Blätter an den Bäumen rascheln, ich spüre die Sonnenstrahlen auf meiner Haut, ich rieche die Blüten der Blumen und der Bäume oder gar den Kuhmist, den der Bauer auf den Feldern ausgefahren hat. Alles erfüllt mich und lässt mich wahrnehmen, wie gut Gott diese unsere Welt erschaffen hat. Alles gehört in den Plan Gottes, nichts ist unbedacht oder misslungen. Alles hat seinen Platz und seinen Grund. In allem können wir Gott selbst erkennen.

Biblische Lesung

In diesem inneren Frieden, der uns nun erfüllt, wollen wir jetzt die Erzählung vom Anfang der Welt hören, die ganz zu Beginn unserer Bibel aufgezeichnet ist. Dieser 1. Schöpfungsbericht ist nicht in der Sprache der Naturwissenschaften abgefasst, sondern will Antwort geben auf die Grundfrage des Menschen, weshalb es überhaupt diese Welt gibt. Es ist ein Bekenntnis zu Gott, der zugleich Ursprung und Ziel allen Lebens ist.

Hören wir nun die Worte des Gottes, der jetzt und immer mitten unter uns ist.

Es folgt die Verkündigung von der Erschaffung der Welt (Gen 1,1 – 2,4a):

Kind 1: Im Anfang schuf Gott Himmel und Erde; die Erde aber war wüst und wirr, Finsternis lag über der Urflut, und Gottes Geist schwebte über dem Wasser.

Kind 2: Gott sprach: Es werde Licht. Und es wurde Licht.

Kind 3: Gott sah, dass das Licht gut war.

Alle Kinder mit den Rhythmusinstrumenten geben lautstark ihre Zustimmung dazu.

Kind 1: Gott schied das Licht von der Finsternis, und Gott nannte das Licht Tag, und die Finsternis nannte er Nacht.

Kind 4: Es wurde Abend, und es wurde Morgen: erster Tag.

Kind 1: Dann sprach Gott: Ein Gewölbe entstehe mitten im Wasser und scheide Wasser von Wasser. Gott machte also das Gewölbe und schied das Wasser unterhalb des Gewölbes vom Wasser oberhalb des Gewölbes. So geschah es, und Gott nannte das Gewölbe Himmel.

Kind 4: Es wurde Abend, und es wurde Morgen: zweiter Tag.

Kind 1: Dann sprach Gott: Das Wasser unterhalb des Himmels sammele sich an einem Ort, damit das Trockene sichtbar werde. So geschah es. Das Trockene nannte Gott Land, und das angesammelte Wasser nannte er Meer.

Kind 3: Gott sah, dass es gut war.

Alle Kinder mit den Rhythmusinstrumenten geben lautstark ihre Zustimmung dazu.

Kind 1: Dann sprach Gott: Das Land lasse junges Grün wachsen, alle Arten von Pflanzen, die Samen tragen, und von Bäumen, die auf der Erde Früchte bringen mit ihrem Samen darin. So geschah es.

Kind 3: Gott sah, dass es gut war.

Alle Kinder mit den Rhythmusinstrumenten geben lautstark ihre Zustimmung dazu.

Kind 4: Es wurde Abend, und es wurde Morgen: dritter Tag.

Kind 1: Dann sprach Gott: Lichter sollen am Himmelsgewölbe sein, um Tag und Nacht zu scheiden. Sie sollen Zeichen sein und zur Bestimmung von Festzeiten, von Tagen und Jahren dienen; sie sollen Lichter am Himmelsgewölbe sein, die über die Erde hin leuchten. So geschah es. Gott machte die beiden großen Lichter, das größere, das über den Tag herrscht, das kleinere, das über die Nacht herrscht, auch die Sterne.

Kind 3: Gott sah, dass es gut war.

Alle Kinder mit den Rhythmusinstrumenten geben lautstark ihre Zustimmung dazu.

Kind 4: Es wurde Abend, und es wurde Morgen: vierter Tag.

Kind 1: Dann sprach Gott: Das Wasser wimmele von lebendigen Wesen, und Vögel sollen über dem Land am Himmelsgewölbe dahinfliegen.
Gott schuf alle Arten von großen Seetieren und anderen Lebewesen, von denen das Wasser wimmelt, und alle Arten von gefiederten Vögeln.

Kind 3: Gott sah, dass es gut war.

Alle Kinder mit den Rhythmusinstrumenten geben lautstark ihre Zustimmung dazu.

Kind 1: Gott segnete sie und sprach: Seid fruchtbar und vermehrt euch und bevölkert das Wasser im Meer, und die Vögel sollen sich auf dem Land vermehren.

Kind 4: Es wurde Abend, und es wurde Morgen: fünfter Tag.

Kind 1: Dann sprach Gott: Das Land bringe alle Arten von lebendigen Wesen hervor, von Vieh, von Kriechtieren und von Tieren des Feldes. So geschah es.

Kind 3: Gott sah, dass es gut war.

Alle Kinder mit den Rhythmusinstrumenten geben lautstark ihre Zustimmung dazu.

Kind 1: Dann sprach Gott: Lasst uns Menschen machen als unser Abbild, uns ähnlich. Sie sollen herrschen über die Fische des Meeres, über die Vögel des Himmels, über das Vieh, über die ganze Erde und über alle Kriechtiere auf dem Land. Gott schuf also den Menschen als sein Abbild; als Abbild Gottes schuf er ihn. Als Mann und Frau schuf er sie. Gott segnete sie, und Gott sprach zu ihnen: Seid fruchtbar und vermehrt euch, bevölkert die Erde und herrscht über sie. Dann sprach Gott: Hiermit übergebe ich euch alle Pflanzen auf der ganzen Erde, die Samen tragen, und alle Bäume mit samenhaltigen Früchten. Euch sollen sie zur Nahrung dienen. Allen Tieren des Feldes, allen Vögeln des Himmels und allem, was sich auf der Erde regt, was Lebensatem in sich hat, gebe ich alle grünen Pflanzen zur Nahrung. So geschah es.

Kind 3: Gott sah alles an, was er gemacht hatte: Es war sehr gut.

Alle Kinder mit den Rhythmusinstrumenten geben lautstark ihre Zustimmung dazu.

Kind 4: Es wurde Abend, und es wurde Morgen: der sechste Tag.

Kind 1: So wurden Himmel und Erde vollendet. Am siebten Tag vollendete Gott das Werk, das er geschaffen hatte, und er ruhte am siebten Tag, nachdem er sein ganzes Werk vollbracht hatte. Und Gott segnete den siebten Tag und erklärte ihn für heilig; denn an ihm ruhte Gott, nachdem er das ganze Werk der Schöpfung vollendet hatte.

Kind 5: Das ist die Entstehungsgeschichte von Himmel und Erde, als sie geschaffen wurden.

Noch einmal lassen die Kinder die Rhythmusinstrumente erklingen.

Lied
Unterwegs[9] Nr. 68: „Laudato si, o mi' Signore"

---

[9] Vgl. Anmerkung 3.

48

Überleitung zur Fortsetzung des Weges

Mit diesem Lobpreis auf den Lippen und in unserem Herzen wollen wir nun den Weg fortsetzen. Ich möchte euch bitten, euch zu zweit oder zu dritt zusammenzuschließen und auf eurem Weg den Psalm 104, der auf eurem Liedblatt steht, zu lesen und auf euch wirken zu lassen. Es wäre schön, wenn ihr angeregt durch diesen Psalm, der selbst ein großes Loblied auf die Schöpfung ist, eine weitere Strophe für das „Laudato si" formulieren könntet.

Lied

An einem geeigneten Ort wird wieder eine Station eingelegt.

Lasst uns nun noch einmal das „Laudato si" singen. Wir singen zunächst die erste und zweite Strophe vom Liedblatt und dann kann jede Gruppe, wenn sie möchte, die von ihr selbst gedichtete Strophe vorsingen. Wir alle stimmen dann mit ein.

Vaterunser

Wir haben heute erfahren, dass die ganze Schöpfung uns Zeugnis davon gibt, wie dieser Gott, an den wir glauben, in seinem tiefsten Wesen ist: ein Gott, der sich den Menschen immer wieder zuwendet, weil er ihr Heil will. Dies hat er in besonderer Weise zum Ausdruck gebracht, als er seinen Sohn in die Welt sandte, der uns lehrte mit seinen Worten zu beten:
Vater unser ...

▪ Schlussteil

Gebet

Guter und menschenfreundlicher Gott,
du hast diese Welt geschaffen: die Wiesen, die Wälder, die Bäche, die Tiere und Pflanzen. Du hast sie so wunderbar gemacht, damit wir in dieser Schöpfung dich selbst erkennen und dich loben können als den Gott, der es gut mit allen seinen Geschöpfen meint.
Dafür danken wir dir und loben dich bis in alle Ewigkeit. Amen.

Segensbitte

Der Herr segne uns und behüte uns alle Tage unseres Lebens,
er bleibe bei uns und schenke uns sein Heil.
Im Namen des Vaters ... Amen.

Entlassung

Erfüllt mit dem Segen Gottes wollen wir unseren heutigen Weg zu Ende gehen. Unser Gottesdienst am Morgen dieses Tages soll uns allen der Beginn eines frohen und guten Tages sein, voll Spaß, Lachen und glücklichem Miteinander.

5.1.2.2 Erntedank

Erläuterung des Modells

Eröffnungsteil	
Liturgische Eröffnung	Durch die Bezeichnung mit dem Kreuz wird deutlich, dass die Kinder und der Gottesdienstleiter oder die Leiterin eine Gemeinschaft bilden, die sich um den dreieinigen Gott versammelt.
Begrüßung und Einführung	Bei der Begrüßung werden die Kinder persönlich in den Blick genommen und durch die Einführung auf das Thema und den Inhalt des Gottesdienstes hingewiesen.
Lied	Das Eröffnungslied ist themenbezogen und einfach zu verstehen und zu singen. Den Danke-Refrain können schon kleine Kinder wiederholen.
Gebet	Das Gebet ist an Gott Vater gerichtet und erweitert die bisherigen Gedanken der Eröffnung auf die Verantwortung im Umgang mit der Schöpfung.

Hauptteil	
Lied	Das Lied betont nochmals, dass Gott der Herr der Schöpfung ist, dem der Mensch dankt.
Vorbereitende Erzählung	In dieser Geschichte werden Säen und Ernten in eine andere Bedeutung gebracht.
Überleitung zum Evangelium – Schachbrettaktion	Mit den Fragen wird versucht, hinter die Dinge zu sehen, die Botschaft der Geschichte zu hören. Die Kinder erhalten eine Pause, in der sie sich bewegen können und etwas tun dürfen.
Evangelium	Das Gleichnis vom Sämann passt zum Erntedankfest, denn das Fruchtbringen ist mit dem Ernten gleichzusetzen.
Bezug zum Leben der Kinder	Die Kinder werden angehalten zu überdenken, was es für sie bedeutet, einen guten Boden zu haben und Frucht zu bringen. Auch wenn diese Überlegung den Kindern schwer

	fällt, sie ist wichtig, um den Bezug zu ihrem Leben herzustellen.
Danklitanei	Hier kann jedes Kind zu Wort kommen. Voraussetzungen (guter Boden) wie Konsequenzen (Früchte bringen) aus dem Leben der Kinder werden in den Dank an Gott zusammengefasst. Die gemeinsame, gleichbleibende Antwort verbindet alle.
Vaterunser	Grundgebet, das den Hauptteil abschließt.
Schlussteil	
Segensbitte	Alle Gottesdienstteilnehmer stellen sich unter den Segen Gottes.
Lied	Das Schlusslied sagt aus, dass Gott überall da ist, wo die Kinder sind.
Entlassung	Die Kinder nehmen Samen mit nach Hause und haben eine „wachsende" Erinnerung an den Gottesdienst.

Modell

Thema   „Erntedank"

Ziel   Die Kinder sollen erkennen, dass Gott unermesslich viel schenkt, viel mehr als der Mensch fassen kann.
Der Dank ist Antwort des Menschen für die Gaben Gottes.

Material   1–1½ kg Weizenkörner
Schachbrett
kleine Tüten für den Weizen
Getreidegarben oder anderer Ernteschmuck für den Altar

■ Eröffnungsteil

Liturgische Eröffnung
Wir beginnen diesen Gottesdienst zum Erntedankfest
+ im Namen des Vaters, des Sohnes und des Heiligen Geistes.
Amen.

Begrüßung und Einführung

Ich freue mich, euch alle hier zu sehen.
Ihr habt euch schon umgesehen und entdeckt, dass vor dem Altar Getreidegarben stehen. Heute ist ein besonderer Sonntag: Überall wird das Erntedankfest gefeiert, in der Stadt, wo es gar keine Erntearbeit gibt, und auf dem Land, wo sich die Menschen besonders angestrengt haben, um das Getreide und die Früchte und das Gemüse zu ernten. Die Menschen haben zwar viel Arbeit mit der Ernte, doch dass überhaupt etwas wächst, dass Regen auf die Felder fällt, dass die Sonne scheint und dass der Wind weht, können sie nicht machen. Das tut Gott. Darum haben ihm die Menschen schon immer nach der Erntezeit gedankt und von der Ernte etwas zu seinem Altar gebracht.

Lied

„kommt und singt"[10] Nr. 212: „Alles, was wir haben, alle unsere Gaben"

Gebet

Guter Gott, du hast die Welt erschaffen und lässt die Pflanzen wachsen,
damit die Tiere und auch wir davon essen können.
Wir danken dir, dass du alles so gut gemacht hast
und wir von den Gaben der Erde leben dürfen.
Hilf uns, damit wir verantwortungsbewusst mit allen Lebensmitteln umgehen.
Darum bitten wir dich durch Jesus Christus, unseren Herrn.
Amen.

■ **Hauptteil** ──────────────────────────

Lied

„kommt und singt"[11] Nr. 252: „Gott hat alles gut gemacht"

---

[10] Vgl. Anmerkung 1. Das Lied entstammt der Pfälzer Kindermesse, Text: H. Bergmann, Melodie: H. Wertmann. Rechte: Studio Union im Lahn-Verlag, Limburg.

[11] Vgl. Anmerkung 1. Das Lied entstammt der Heidelberger Kindermesse, Text: H. Bergmann, Melodie: H. Wertmann. Rechte: Studio Union im Lahn-Verlag, Limburg.

Vorbereitende Erzählung

Ich werde gleich eine Geschichte vorlesen, in der ein Mann es schafft, so viel Weizen zusammen zu bekommen, dass er und das ganze Dorf davon leben können. Er hatte den Weizen gar nicht in den Boden gesät und konnte doch die Scheune damit füllen. Wie das geht, hören wir jetzt in der Geschichte vom Zaren und Pjotr.

Der Zar und Pjotr

Zar Iwan herrschte mit viel Macht und Gewalt über Russland. Alle fürchteten ihn und niemand wagte, ihm zu widersprechen. Immer mehr Steuern musste das Volk entrichten. So wuchs die Armut. Krankheit und Hunger waren an der Tagesordnung. Konnte jemand nicht zahlen, ließ der Zar ihn auspeitschen und ins Gefängnis werfen. Wen wunderte es da, wenn er verhasst war und manche ihm den Tod wünschten.

Als er einmal im Winter mit seinem prächtigen Pferdeschlitten weit vor seinem Gefolge über Land fuhr, geschah es: Zar Iwan lenkte seine Pferde auf einen zugefrorenen See und überfuhr dabei fast Pjotr, der an einem Eisloch saß, um Fische zu angeln. Im letzten Moment konnte Pjotr zur Seite springen. Er hörte ein gewaltiges Krachen; und als er sich wieder aufrappelte, sah er weder den Zaren noch das Schlittengespann.

Langsam begriff er, dass vor ihm das Eis gebrochen war und der Zar, die Pferde und der Schlitten versunken waren. Vorsichtig kroch er auf dem Bauch zu der Einbruchstelle. Bewusstlos trieb der Zar auf der Wasseroberfläche; sein schwerer Pelzmantel drohte, ihn bald in die Tiefe zu ziehen.

Ohne lange zu überlegen, warf Pjotr seine Angel nach ihm aus und zog den Zaren behutsam aus dem eisigen Wasser. Dann schleppte er ihn in seine nahe gelegene armselige Hütte, entkleidete ihn, rieb ihn so lange, bis seine Haut wieder eine normale Farbe bekam. Er flößte ihm heißes Wasser ein; denn etwas anderes hatte er nicht. Nach einer halben Stunde erwachte der Zar aus seiner Ohnmacht und verlangte, dass ihm Essen und Trinken serviert werden sollte. Doch Pjotr besaß nichts; und Fische hatte er auch keine geangelt. Um den Zaren etwas abzulenken und um die Zeit zu überbrücken, bis ihn sein Gefolge gefunden hatte, schlug Pjotr Zar Iwan vor, mit ihm Schach zu spielen. Ein ganz einfaches, selbstgemachtes Schachbrett besaß er. Die Figuren hatte er aus Ästen und Baumrinde geschnitzt. Eigentlich spielte Pjotr immer dann, wenn er nicht mehr an seinen Hunger denken wollte – und das war oft. Erstaunt merkte der Zar, welch gleichwertiger Spieler Pjotr war; und es machte ihm mehr und mehr Spaß, gegen ihn zu spielen. Zu Hause im Palast hatte er nie Mühe zu gewinnen. Denn seine Mitspieler trauten sich nicht, ihm auch nur eine Figur abzunehmen. Doch nun musste er sich richtig anstrengen; und trotzdem gelang Pjotr der bessere Schachzug. Voller Begeisterung rief Zar Iwan: „Pjotr, komm zu mir an meinen Hof in Petersburg. Ich will dich entlohnen, weil du mir das Leben gerettet hast und es mit dir so schön ist, Schach zu spielen."

„Mächtiger Zar, ich möchte lieber in meiner Hütte und bei den anderen Leuten des Dorfes bleiben; in deinen Palast passe ich doch nicht."

Zuerst wollte Iwan aufbrausen, weil es jemand wagte, seine Wünsche nicht zu erfüllen. Doch dann besann er sich darauf, was Pjotr für ihn getan hatte, und fuhr ihn nur leicht unwillig an: „Du musst wissen, was dir an diesem Elend besser gefällt. Doch einen Wunsch will ich dir erfüllen – wenn er nicht zu unverschämt ist," fügte er dann noch schnell hinzu.

Da blitzte es in Pjotrs Augen. „Großer und mächtiger Zar, wir können uns ja weiter zu Schachpartien treffen. Doch bringe dann zum nächsten mal Weizen mit, damit ich auch Brot für uns backen kann." „Das ist wirklich ein bescheidener Wunsch," wunderte sich der Zar. „Großer, mächtiger und weiser Zar," sagte Pjotr noch schnell, denn in der Ferne war schon das Gefolge des Zaren zu hören, „eine Bedingung solltest du dabei jedoch erfüllen. Nimm das Schachbrett als Maß und lege auf das erste Feld ein Weizenkorn, auf das nächste dann zwei, dann vier, danach acht und immer wieder die doppelte Anzahl von Weizenkörnern auf das nächste Feld, bis alle 64 Felder gefüllt sind." Still dachte der Zar: „Welch ein Dummkopf; er hätte viel mehr von mir verlangen können." Doch laut sagte er: „Wenn du das so willst, wird das auch so gemacht!"

Da erreichten ihn seine Gefolgsleute; und der Zar ritt mit ihnen auf sein Schloss zurück. Schon bald verspürte er Lust auf eine nächste Schachpartie mit Pjotr, und er gab den Befehl, den Weizen entsprechend der Abmachung abzuzählen. Nach einer Stunde wollte er aufbrechen. Doch sein Lagermeister musste gestehen, dass er erst mit dem Abzählen der ersten beiden Reihen fertig war. „Mach weiter. Dann reite ich erst morgen," befahl Zar Iwan. Doch auch am nächsten Tag hatte der Lagermeister seine Aufgabe noch nicht erfüllt, obwohl er inzwischen zehn Helfer hatte. Der Zar konnte nicht glauben, dass immer noch mehr Weizen gebraucht wurde, als die erste Scheune geleert war.

Er ließ die Mathematikprofessoren rufen, die ihm ausrechnen mussten, wie viele Weizenkörner er Pjotr versprochen hatte. Sie rechneten und rechneten und kamen auf eine unvorstellbare Zahl: 18.446.744.073.700.000.000 (18 Trillionen 446 Billiarden 744 Billionen 73 Milliarden 700 Millionen).

Da sah der Zar ein, dass Pjotr nicht nur gut Schach spielen konnte, sondern ihm auch ganz geschickt ein Versprechen abverlangt hatte, dessen Einlösung er nicht schaffen konnte. So ritt er schließlich am vierten Tag mit drei Wagenladungen zu Pjotr und vereinbarte mit ihm, dass er jeden Monat diese Menge Weizen zu ihm schicken würde, solange er lebte. So brauchte Pjotr, die anderen Dorfbewohner und viele Menschen aus der Umgebung keinen Hunger mehr zu leiden. Sie hatten genug zu essen und auch Saatgut für das nächste Jahr.

Der Zar besuchte Pjotr noch oft; und Pjotr und seine Freunde fanden ihn überhaupt nicht mehr schrecklich. Immer mehr wurde Iwan zu einem gerechten Herrscher, den das Volk achtete.

Man nannte ihn nicht mehr heimlich Iwan, den Schrecklichen, sondern grüßte ihn freundlich als Iwan, den Weizenzar.

Überleitung zum Evangelium – Schachbrettaktion

War das nicht eine schöne Geschichte?

Aber ich habe diese Geschichte vom Pjotr und dem Zaren Iwan natürlich nicht nur vorgelesen, weil sie so schön ist, sondern sie will uns ja auch etwas sagen. Was meint ihr: Was war denn wichtig in dieser Geschichte? Was hat euch gefallen? Was hat euch nachdenklich gemacht?

1. Die Personen sind wichtig, von denen etwas erzählt wird.
2. Pjotr hilft dem Zaren, den niemand leiden kann. Er rettet ihn.
3. Pjotr beklagt nicht seine Armut. Er spielt einfach mit dem Zaren.
4. Dem Zaren gefällt, dass Pjotr keine Angst hat vor ihm.
5. Pjotr kann warten (er will nicht sofort eine Belohnung).
6. Der Zar steht zu seinem Versprechen und sucht nach einer Lösung, es zu erfüllen.

Was will uns diese Geschichte sagen? Welche Botschaft hat sie?

7. Pjotr denkt nicht nur an sich. Er teilt den Weizen mit den anderen, so bleibt keiner arm.
8. Auch der Zar wird reicher! Er gewinnt Freunde.

P a u s e (*zum Auffüllen einiger Felder des Schachbretts mit Weizenkörnern, um die Dimension der stetigen Verdoppelung ansatzweise deutlich zu machen*)

Eben haben wir darüber gesprochen, dass die Geschichte vom Zaren Iwan und Pjotr eine Botschaft enthält, die viel mehr aussagt, als in den Worten zu lesen ist. – Jetzt sollt ihr eine Geschichte hören, die noch eine viel wichtigere Botschaft verkündet. Sie ist in einem Buch geschrieben, das sogar **Frohe Botschaft** genannt wird. Ihr kennt sogar alle das griechische Wort dafür: **Evangelium**.
Passt gut auf, denn gleich werdet ihr in eurer Gruppe über die Botschaft reden. „Wer Ohren hat zum Hören, der höre!", sagt Jesus selbst; und das heißt: Aufgepasst!

Evangelium
Mk 4,2–9

Bezug zum Leben der Kinder
In der Geschichte vom Zaren und Pjotr haben wir gehört, dass in dem russischen Dorf der Hunger aufhörte, als von dem Weizen Brot gebacken werden konnte und auch Saatgut für die Felder zurückgelegt wurde. Und Jesus hat in dem Gleichnis vom Sämann erzählt, wie reich die Ernte wird, wenn sie auf guten Boden fällt. Wir feiern heute das Erntedankfest, das Fest, an dem wir Gott für alles danken, war er wachsen lässt. Doch dabei geht es nicht nur um Früchte, Gemüse, Getreide, Kräuter und vielleicht noch Blumen.
Das wird ganz deutlich in dem, was Jesus vom Sämann und der Saat erzählt: Es geht um uns, um dich und dich und mich. Darum wollen wir überlegen, was in unserem Leben der gute Boden ist, was wir brauchen, damit wir Halt haben und wachsen können.

Danklitanei

Teil 1: Danklitanei mit Überlegungen zum guten Boden
Antwort: Dafür danken wir dir, Gott.
– Guter Boden ist unsere Familie, in der wir alle zusammengehören.

– Guter Boden sind unsere Eltern, die uns lieb haben.
– Guter Boden sind unsere Freunde, mit denen wir spielen können.
– Guter Boden ist der Frieden, in dem wir leben.
– Guter Boden ist unsere Gemeinde, in der wir mit Jesus und vielen anderen zusammenkommen.
– Guter Boden ist ...

Jetzt wissen wir, was Jesus mit gutem Boden gemeint hat. Er hat aber auch noch von reicher Frucht gesprochen. Da müssen wir wohl noch einmal überlegen, wie wir das verstehen können. Was sind denn Früchte, die wir bringen können?

Teil 2: *Danklitanei mit Überlegungen zur vielfältigen Frucht*
Antwort: Dafür danken wir dir, Gott.
– Eine gute Frucht in unserem Leben ist, wenn wir einmal freiwillig unser Zimmer aufräumen.
– Eine gute Frucht in unserem Leben ist, wenn wir freundlich sind.
– Eine gute Frucht in unserem Leben ist, wenn wir teilen.
– Eine gute Frucht in unserem Leben ist ...

Vaterunser
Wir haben Gott jetzt alle Dinge gesagt, für die wir ihm danken. Wir dürfen ihn aber auch um alles bitten, was wir brauchen. Von Jesus selbst sind die Worte, die wir zusammen beten wollen ...

■ **Schlussteil** ───────────────────────────────

Segensbitte
Gott, du denkst immer an uns und willst, dass es uns gut geht.
Wir bitten dich, segne uns,
damit wir auch selbst gute Frucht bringen.
+ Im Namen des Vaters, des Sohnes und des Heiligen Geistes. Amen.

Lied
„kommt und singt"[12] Nr. 252, 3: „Wenn wir nun sein Haus verlassen"

---

[12] Vgl. Anmerkung 10.

Entlassung

Bevor ihr nun nach Hause geht, dürft ihr alle von dem Weizen eine Handvoll in die Tüten füllen und mitnehmen. Ihr könnt dann alle Sämänner und Säfrauen sein und die Körner in die Erde legen. Draußen wächst jetzt zwar nichts mehr richtig, da müsstet ihr bis zum Frühling mit der Aussaat warten. Doch im Blumentopf auf der Fensterbank müsste es auch jetzt klappen. Überlegt gleich einmal in der Familie, was ihr am besten macht.

So, und nun lauft. Auf Wiedersehen.

5.2 Kirchenjahr: Zeit vor Gott

5.2.1 Jahresostern – Wochenostern: Höhepunkte im Jahreslauf

Herzmitte des Kirchenjahres ist das Osterfest, das Fest des Leidens, Sterbens und der Auferstehung Jesu Christi. An diesen drei österlichen Tagen – dem Jahresostern – gedenken wir des Zentrums unseres Glaubens: Gott, der Vater, hat Jesus, seinen Sohn, in die Welt gesandt, damit dieser für die Sünden der Welt sterbe und der Welt das ewige Leben bringe. Dieses Ereignis, geschichtlich datierbar, ist ein vergangenes Geschehen und doch wird es in der Kraft des Mysteriums im Feiern gegenwärtig und wirkmächtig. Ausgehend von dieser Mitte entfalten sich die verschiedenen anderen Feiern im Kirchenjahr (Weihnachten als Fest der Geburt Jesu Christi, Pfingsten als Fest der Sendung des Heiligen Geistes usw.), an denen jeweils ein bestimmter Aspekt des Heilswerks in Jesus Christus begangen wird.

Am Sonntag als dem Auferstehungstag Jesu Christi wurde von Anbeginn der Kirche auch Ostern gefeiert, also: das Heilswerk Jesu Christi in seiner Gänze bedacht. Genau das tun wir nämlich, wenn wir als christliche Gemeinde am Sonntag zusammenkommen, um Eucharistie zu feiern und damit des Lebens, des Leidens, des Todes und der Auferstehung Jesu Christi als Gipfelpunkt der Heilsgeschichte zu gedenken.

Die Konzilsväter haben den Sonntag deshalb als den „Urfeiertag" bezeichnet.

5.2.2 Weihnachten, Erntedank oder Fronleichnam: wichtige Feiern der Volksfrömmigkeit

Die Christen der frühen Kirche versammelten sich jeden Sonntag, um der Auferstehung Jesu Christi zu gedenken und aus der Freude über die verheißene Erlösung gemeinsam Eucharistie zu feiern. So feierten sie jeden Sonntag ein Fest, das Fest der Auferstehung Jesu Christi nämlich.

Einmal im Jahr – an Ostern – feierten sie ganz besonders kräftig das, was eigentlich Thema aller Feiern ist: Das Heilshandeln Gottes an den Menschen, das seinen besonderen Höhepunkt in Leben, Tod und Auferstehung Jesu Christi erreicht hat. Die Freude über Gottes Zuwendung ist so groß, dass man wirklich auch drei volle Tage feiern (Gründonnerstag, Karfreitag, Osternacht), sich 40 Tage auf dieses Fest vorbereiten (Österliche Bußzeit oder auch Fastenzeit genannt) und dann das Osterfest 50 Tage lang als österliche Freudenzeit (Osterzeit bis Pfingsten) feiern kann.

Von Weihnachten als dem Fest der Geburt Jesu war da noch lange nicht die Rede. Das war zunächst angesichts der Verkündigung der Auferstehung Jesu Christi überhaupt nicht wichtig. Als dann aber das Christentum im 4. Jahrhundert zur Staatsreligion wurde, wurden auch viele Feste, die es im Umfeld der Christen gab und die bei der Bevölkerung überaus beliebt waren, „christianisiert", das heißt: sie wurden im Licht der Frohen Botschaft beleuchtet. So wurde unser heutiges Weihnachtsfest ursprünglich in Rom gefeiert als Fest zu Ehren des Sonnengottes. Dieses Fest war genau platziert an den Tagen der Wintersonnenwende, wo die Menschen sich freuen, dass nun von Tag zu Tag die Sonne kräftiger wird und den Frühling bringen wird. Dieses Fest wurde im alten Rom überschwänglich gefeiert. Was lag da näher, als dieses Fest aufzugreifen. Denn Christus hat sich als die eigentliche Sonne erwiesen, er ist doch die Sonne, die dem Leben der Menschen Sinn und Ziel verleiht.

Heute ist in unserem Empfinden das Weihnachtsfest fast das wichtigste Fest im ganzen Jahr. Ein reiches Brauchtum rankt um diese Tage: eine Adventszeit, in der viele Feiern im Freundeskreis, Schule und Kindergarten begangen werden und in der der Adventskranz und der Adventskalender die Zeit bis zum eigentlichen Fest strukturieren helfen. Ganz besonders wichtig sind vielen Menschen die Weihnachtstage als Fest der Familie geworden, als Tage, an denen man im vertrauten Kreis der Verwandtschaft zusammenkommt.

Dies ist für sich genommen auch wichtig. Theologisch gesehen ist das Weihnachtsfest gegenüber dem Wochen- und Jahresostern aber nicht von gleicher Bedeutsamkeit.

Ähnliches könnte man für manche andere Feste sagen, die sich großer Beliebtheit erfreuen. So z. B. das Erntedankfest, das gerade im Kindergarten oder in der Grundschule gerne intensiv gefeiert wird. Das gilt auch für Fronleichnam, dessen theologischer Stellenwert umstritten ist, ein Fest, das im Leben der Gemeinden aber einen wichtigen Platz hat. Und das darf man nicht gering schätzen, auch wenn immer wieder demgegenüber die Bedeutung des Urfeiertags, des Sonntags, und des Osterfestes betont werden muss.

5.2.3 Gottesdienstmodelle

5.2.3.1 Erscheinung des Herrn

Erläuterung des Modells

Eröffnungsteil	
Liturgische Eröffnung	Der Beginn der Feier mit dem Kreuzzeichen macht deutlich, dass schon das Zusammenkommen gottesdienstlichen Charakter hat.
Begrüßung und Einführung	Die Begrüßung ist auf die Kinder abgestimmt und zeigt so, dass die Kinder die Gemeinde bilden, die sich versammelt.
Kyrie	Mit dem Kyrie wird Jesus Christus begrüßt und seine Heilstaten preisend bekannt.
Lied	Die erste Strophe des Eröffnungslieds geht auf das Thema des Gottesdienstes ein und nennt die Sänger (die Kinder) als die Menschen, die zu Jesus unterwegs sind. Die folgenden Strophen werden über den Gottesdienst verteilt gesungen.
Gebet	Das Gebet ist der Abschluss des Eröffnungsteils und fasst das bisher Gesagte zusammen.

Hauptteil	
Lied	Die 2. Strophe des Liedes leitet das Evangelium ein.
Evangelium	Das Evangelium ist die vorgesehene dritte Lesung vom Tage.

Überleitung zum Rollenspiel	Die Überleitung ist zugleich Einleitung und Vorbereitungszeit für das Rollenspiel.
Rollenspiel	Das Rollenspiel wird die Aussage unterstreichen, dass die Begegnung mit Jesus oft ganz anders aussieht, als sie vorher geplant wurde.
Zusammenfassender Abschluss mit Sternaktion	Durch die Wiederholung der Schwerpunkte des Rollenspiels wird eine Vertiefung bei den Kindern erreicht und durch den geschenkten Stern ein Erinnerungsmerkmal mitgegeben.
Lied	Die 3. Strophe des Liedes hat zum Inhalt, dass mit dem Ankommen bei Jesus das Ziel erreicht ist.
Fürbitten	Die Fürbitten orientieren sich am Thema des Gottesdienstes und bewirken durch die gleichbleibende Einleitung den Eindruck von Vertrautheit.
Vaterunser	Auf dieses Grundgebet sollte in keinem Gottesdienst verzichtet werden.

Schlussteil	
Gebet mit Segensbitte	Das Gebet nennt Zeichen des Segens Gottes, unter den sich alle stellen.
Lied	Die 4. Strophe enthält den Sendungsgedanken zum Abschluss des Gottesdienstes.
Entlassung	Möglichkeit zur persönlichen Verabschiedung.

Modell

Thema	„Unterwegs zu Jesus"
Ziel	Durch die Erweiterung der biblischen Perikope von der Huldigung der Sterndeuter um die Legende des vierten Königs sollen die Kinder merken, dass der Aufbruch zu Jesus zu jeder Zeit nötig ist und das Ankommen bei ihm auf vielen Wegen möglich ist.
Material	Krone, 3 Edelsteine, Beutel, Stern, Ruder, Kreuz, Blitzlicht, Klebesterne für jedes Kind

■ Eröffnungsteil

Liturgische Eröffnung
Wir haben uns hier getroffen, um miteinander Gottesdienst zu feiern. Gott ist hier bei uns, darum beginnen wir + im Namen des Vaters ... Amen.

Begrüßung und Einführung
In den Straßen – auf Bildern – habt ihr in den letzten Tagen Kinder gesehen, die wie Könige angezogen sind und von Haus zu Haus gehen. Sie schreiben einen Segensspruch über die Türen und sammeln Geld für Kinder, die auf diese Hilfe angewiesen sind. Sie sind viele Stunden unterwegs und ihre großen Vorbilder sind die Sterndeuter, die sich auf den Weg gemacht haben, um das neugeborene Jesuskind zu suchen. Von diesen Sterndeutern wurde später nur als den heiligen drei Königen erzählt, weil sie so kostbare und königliche Geschenke mitbrachten. Doch Jesus freut sich nicht nur über ganz teure Geschenke; er ist immer froh, wenn große und kleine Menschen zu ihm kommen und ihm zeigen, dass sie nicht nur an sich denken, sondern auch für andere da sind, wie er es selbst vorgelebt hat.

Kyrie
Aus Dankbarkeit und mit Freude rufen wir Jesus zu:

Jesus, du bist Mensch geworden wie wir.
– Herr, erbarme dich –

Jesus Christus, Hirten, Könige und auch wir dürfen zu dir kommen.
– Christus, erbarme dich –

Jesus, du Sohn Gottes, du hast alle Menschen durch deinen Tod und deine Auferstehung erlöst.
– Herr, erbarme dich –

Lied
„Stern über Betlehem, zeig uns den Weg" (*nur die 1. Strophe*)[13]

---

[13] Text und Melodie: Alfred Hans Zoller, aus: In dieser Nacht. Rechte: Gustav Bosse Verlag, Regensburg.

Gebet

Gott, du bist immer da, wo Menschen sind, ob sie dich kennen oder nicht.
Du hast den weisen Männern einen Stern gesandt, damit sie Jesus in Betlehem finden konnten.
Führe auch uns ganz nahe zu ihm, dass wir mit ihm in Freundschaft leben können. Darum bitten wir dich durch Jesus Christus, dessen Geburtstag wir an Weihnachten gefeiert haben und der mit dir und dem Heiligen Geist zusammen lebt in Ewigkeit. Amen.

■ **Hauptteil** ─────────────────────────────────

Lied

„Stern über Betlehem, zeig uns den Weg" (*nur die 2. Strophe*)

Evangelium

Mt 2,1–12 Huldigung der Sterndeuter

Überleitung zum Rollenspiel

Gerade haben wir im Evangelium gehört, wie die Sterndeuter aus dem Morgenland zu dem kleinen Jesuskind gekommen sind und ihm Geschenke gebracht haben. Wir kennen die Männer als die heiligen drei Könige Caspar, Melchior und Balthasar. In einer alten Legende wird erzählt, dass es eigentlich vier Könige waren, die zu dem göttlichen Kind aufbrachen. Lasst uns nun einmal hören und sehen, was damals geschah.

Rollenspiel

Es ist empfehlenswert, das Rollenspiel mit Requisiten mit den Kindern vorher einzuüben. Es gibt drei Sprechrollen, die von einem festen Platz gesprochen werden. Die Darstellung des Gesagten erfolgt pantomimisch von anderen Kindern.

Die Legende vom vierten König

Sprecher: Erzähler = E, Sprecher 1 = S1 (Coredan), Sprecher 2 = S2 (alle anderen Personen)
Darsteller: Coredan, Kind, Frau, weinende Frau mit Kindern, Sternträger, Bewohner eines Dorfes, Soldaten, Vater, Galeerensklaven, Jesus

E: Der vierte König heißt Coredan und hat als Geschenk drei
wunderschöne und kostbare Edelsteine eingepackt.

Coredan beginnt seinen Weg. Er geht vor dem Altar auf und ab.

E: Plötzlich entdeckt er ein Kind, das ganz allein ist und weint.

Coredan hält an und beugt sich zu dem Kind.

S1: Warum weinst du? Was ist dir passiert?

S2: Ich habe keine Eltern mehr, sie sind an einer ansteckenden
Krankheit gestorben. Alle aus meiner Familie sind tot. Die
anderen haben mich verjagt und mit Steinen nach mir ge-
worfen, weil sie Angst haben, dass ich sie anstecke.

E: Da nimmt Coredan das Kind an die Hand und bringt es zu
einer Frau, die es in Pflege nimmt. Aus seinem Beutel holt
er einen Edelstein und gibt ihn der Frau, damit sie gut für
das Kind sorgen kann.
So kommt Coredan zu spät zu dem Treffpunkt mit den anderen drei Königen und zieht alleine dem Stern nach.

Sternträger tritt auf, Coredan folgt ihm.

E: Da kommt Coredan an einem Haus vorbei, in dem Frauen
verzweifelt jammern.

S1: Warum seid ihr so traurig? Kann ich helfen?

S2: Ach, guter Mann, wie willst du helfen? Hier ist ein Mann
verunglückt und seine ganze Familie muss ins Gefängnis,
weil sie die Miete nicht bezahlen kann.

E: Da zögert Coredan nicht lange und holt den zweiten Edelstein aus seinem Beutel und gibt ihn der Mutter mit ihren
Kindern.

S1: Bezahlt damit die Miete und kauft euch ein Haus und
Land, damit ihr immer ein Zuhause habt.

E: Coredan wartet gar nicht den Dank der Familie ab, weil der
        Stern schon weitergezogen ist und er ihn nicht aus den Au-
        gen verlieren will. Doch bevor Coredan den Stern wieder er-
        reicht, muss er an ein paar Menschen vorbei, die ganz eng zu-
        sammensitzen. Sie sind stumm und trösten sich gegenseitig.

S1:   Was bedrückt euch? Warum seid ihr Frauen nicht im Haus
        und kocht? Warum arbeitet ihr Männer nicht auf den Fel-
        dern? Und warum geht ihr nicht in die Schule, ihr Kinder?

S2:   Wir haben keine Häuser mehr und auch keine Felder und
        keine Schule. Unser ganzes Dorf ist bei einem Erdbeben
        zerstört worden. Wir sind froh, dass wir noch leben, doch
        wir besitzen nichts mehr.

E: Da wird Coredan ganz traurig, denn er hat nur noch einen
        Edelstein, den er dem neugeborenen Gottessohn schenken
        will. Soll er wirklich mit leeren Händen vor das Kind tre-
        ten? Aber er kann nicht einfach weitergehen, ohne diesen
        armen Menschen zu helfen, und so gibt er seinen letzten
        Edelstein her.

Die Leute springen auf, freuen sich und umarmen sich gegenseitig.
Dann ziehen sie weiter. Coredan sieht den Stern nicht mehr und
geht nur müde weiter.

E: Wie Coredan so müde und ziellos weitergeht, kommt er in
        eine große Hafenstadt und sieht, wie Soldaten einen Mann
        aus den Armen seiner Frau reißen, um ihn auf ein Schiff zu
        bringen. Damals segelten die Schiffe bei gutem Wind, aber
        sonst mussten sie von vielen Ruderern bewegt werden. Das
        tat niemand freiwillig. Alle Ruderer waren Sklaven oder
        Gefangene. Coredan hält die Soldaten an.

S1:   Wartet! Lasst diesen Mann bei seiner Frau. Nehmt mich an
        seiner Stelle mit. Ich habe meinen Stern verloren und weiß
        nicht mehr weiter.

E: Coredan gibt dem Mann seine Krone und lässt sich von
        den Soldaten abführen.

S2:   Ha, ha! Muss dieser Mann dumm sein, freiwillig auf das Schiff zu gehen. Aber uns soll es nur recht sein, dass wir nicht so einen widerspenstigen Typ auf das Schiff schleppen müssen.

Coredan setzt sich zu den anderen Rudersklaven und rudert.

E: So bleibt Coredan über 30 Jahre auf dem Schiff und wird alt und grau. Als er zu schwach zum Rudern ist, wird er einfach an einer fremden Küste an Land gebracht und weggeschickt. Da traut Coredan seinen Augen nicht: Er sieht den Stern wieder! Er denkt nicht mehr ans Schlafen, sondern folgt dem Stern. So kommt er in eine große Stadt, geht durch das Tor und einen Hügel hinauf. Dort bleibt er an einem Kreuz stehen, an dem ein Mensch hängt. Blitze zucken auf. Kraftlos und in Todesangst stürzt Coredan zu Boden.

S1:   Muss ich nun sterben, ohne den König aller Menschen zu finden? Bin ich umsonst mein ganzes Leben unterwegs gewesen?

S2:   Coredan, sieh mich an. Ich bin es, den du suchst. Wir sind uns schon oft begegnet. Du hast mir eine Mutter gegeben, du hast meine Miete bezahlt, du hast mir eine neue Heimat geschenkt und bist sogar für mich auf das Schiff gegangen. Coredan, du bist mein Freund!

S1:   MEIN GOTT

E: Der Mann am Kreuz neigt den Kopf und stirbt. Coredan erkennt mit einem Mal: Dieser Mann ist der König der Welt gewesen. Ihn hat er all die Jahre gesucht. Er hat ihn nicht vergebens gesucht, er hat ihn schließlich doch noch gefunden.

Zusammenfassender Abschluss mit Sternaktion
Das war die Legende vom vierten König Coredan. Habt ihr noch behalten, warum er nicht bei der Geburt Jesu in Betlehem angekommen ist, sondern erst zu seiner Kreuzigung in Jerusalem?

▶ *Antworten sammeln*

Und als er dann endlich Jesus am Kreuz sah, wusste er zunächst nicht, wer dort gelitten hat. Jesus selbst hat ihm geholfen, ihn zu erkennen. Wisst ihr noch, was er Coredan gesagt hat?

▶ *Antworten sammeln*

Richtig, so war das damals in Jerusalem. Und heute ist das noch genau so. Jesus sagt euch, euren Geschwistern, euren Eltern und überhaupt allen Menschen: Ihr seid meine Freunde, wenn ihr anderen helft!

Damit ihr das gut behalten könnt, bekommt ihr alle jetzt einen kleinen Stern, den ihr euch irgendwo hinkleben könnt. Der kann euch dann immer, wenn ihr ihn anseht, daran erinnern:
Du bist Jesu Freund, weil du anderen hilfst!

Lied

„Stern über Betlehem" (*nur die 3. Strophe*)

Fürbitten

Wenn wir jetzt die Fürbitten beten, sagen wir Gott, dass wir auch an alle denken, die nicht mit uns diesen Gottesdienst feiern.

Gottesdienstleiter:
Guter Gott, du hast den Weisen aus dem Morgenland deinen Stern gesandt, damit sie zu Jesus finden konnten.
Darum bitten wir dich:

Kind: Lass deinen Stern leuchten für alle Priester,
damit sie die Frohe Botschaft gut verkünden.

Alle: *Wir bitten dich, erhöre uns!*

Kind: Lass deinen Stern leuchten für alle,
die regieren und viel Macht haben, damit sie sich dafür einsetzen, dass alle Arbeit haben.

Alle: *Wir bitten dich, erhöre uns!*

Kind: Lass deinen Stern leuchten für alle,
die traurig oder krank sind, damit sie etwas Schönes erleben und sich wieder freuen können.

Alle: *Wir bitten dich, erhöre uns!*

Vater: Lass deinen Stern leuchten für alle Menschen,
die sich gar nicht um dich kümmern, damit sie doch noch
zu dir finden.

Alle: *Wir bitten dich, erhöre uns!*

Kind: Lass deinen Stern leuchten für alle,
die schon gestorben sind, damit sie dich im Himmel finden und ewig mit dir leben.

Alle: *Wir bitten dich, erhöre uns!*

Gottesdienstleiter:
Guter Gott, du lässt die Menschen auf unterschiedlichen Wegen zu
dir kommen. Wir danken dir für deinen Sohn, in dem du uns gezeigt hast, dass du uns liebst. Wir loben und preisen dich, jetzt und
in alle Ewigkeit. Amen.

Vaterunser
Mit den Worten, die Jesus seinen Jüngern gesagt hat, beten wir alle
zusammen: Vater unser …

■ **Schlussteil** ──────────────────────

Gebet mit Segensbitte
Herr, gib,
dass ich mich über die Dinge freue,
die ich selbstverständlich finde:
die Familie, in der ich lebe,
das Haus, in dem wir wohnen,
das Essen auf dem Tisch,
die Kleider in meinem Schrank.
Ich weiß,
dass viele Menschen das alles nicht haben.
Zeige mir, wo ich helfen kann,
und lehre mich
das, was ich habe,
mit anderen zu teilen.

Wenn du bei mir bist,
kann ich das alles schaffen.
Darum bitte ich dich, bleibe bei mir und segne mich.
+ Im Namen des Vaters ... Amen.

Lied
„Stern über Betlehem" (*nur die 4. Strophe*)

Entlassung
Wenn ihr jetzt nach Hause geht, so ist der kleine Stern ein Zeichen
dafür, dass ihr Freunde Jesu seid und er bei euch ist. Besprecht mit
euren Eltern, wohin ihr den Stern kleben könnt, und erzählt einmal davon, was Coredan alles erlebt hat, bevor er bei Jesus ankam.
Auf Wiedersehen, ich wünsche euch einen schönen Tag.

5.2.3.2 Taufe des Herrn – Gedächtnis der eigenen Taufe

Erläuterung des Modells

Eröffnungsteil	
Lied	Das Eröffnungslied enthält die Einladung zur Mitfeier des Gottesdienstes und ist zugleich das Leitmotiv. Durch die Wiederholung der Zeilen können die Kinder das Lied gut nachsingen.
Liturgische Eröffnung	Am Anfang eines jeden Gottesdienstes steht das Kreuzzeichen.
Begrüßung und Einführung	Dieser Teil der Eröffnung will die Kinder als Mitfeiernde des Gottesdienstes begrüßen, auch wenn sie schon bei ihrer Ankunft persönlich empfangen wurden. Die Einführung nennt den konkreten Anlass des Gottesdienstes.
Schuldbekenntnis und Vergebung	Im Zuge des Taufgedächtnisses ist auch mit Kindern ein Umgang mit den Schattenseiten des eigenen Seins sinnvoll. Kinder lernen so reflektierendes Denken.
Hauptteil	
Halleluja-Ruf	Der Halleluja-Ruf entfaltet sich erst in seiner Fülle, wenn er gesungen wird.
Evangelium	Das Evangelium vom Tag kann auch aus den anderen Parallelstellen der synoptischen Evangelien oder aus einer Kinderbibel gelesen werden.

Katechese	Mit der trockenen und der gewässerten Rose von Jericho lässt sich anschaulich die Wirkung von Wasser darstellen und die Auswirkung vom Wasser der Taufe symbolisch zeigen. Die trockenen Pflanzen sind über Floristikgeschäfte erhältlich.
Glaubens-bekenntnis	Die Kinder stehen im Kreis um das Taufbecken und antworten auf jeden Glaubenssatz mit ihrem persönlichen Bekenntnis. Das Eintauchen der Hände in das Weihwasser und das Kreuzzeichen unterstreichen die Worte.
Heiligen-Litanei mit Entzünden der Kerzen	Hier wird deutlich, dass die Kinder nicht alleine glauben. Über die Verbindung mit ihrem Namenspatron wird der Blick auch auf die Gemeinschaft mit allen Heiligen geweitet. Der Gang zum Altar kommt dem Bewegungsbedürfnis der Kinder entgegen. Wenn sie dort an der Osterkerze ihre eigene Kerze entzünden, können sie damit erfahren, dass sie zur Gemeinschaft aller Getauften gehören (Bei rechtzeitiger Ankündigung können die Kinder zu dieser Handlung auch ihre eigene Taufkerze mitbringen).
Vaterunser	Das Vaterunser verbindet alle Kinder Gottes.

Schlussteil

Gebet	Das Schlussgebet drückt den Dank für die Taufe aus.
Segensbitte	Der Segen hilft zum Leben aus dem Glauben.
Lied	Dieses klassische Tauf- und Taufgedächtnislied hat einen anspruchsvollen Text, der in der Neufassung, die in vielen Bistümern bereits gesungen wird, verständlicher als vorher wird. Auch mit Kindern sollte dieses Lied gesungen werden, weil es immer wieder vorkommt.
Entlassung	Entlassung bedeutet zugleich Sendung. Die Kinder nehmen die Kerzen mit nach Hause und erfahren so, dass Sendung auch mit Ausbreitung der Botschaft zu tun hat.

Modell

Thema	„Taufe Jesu und eigene Taufe"
Ziel	Es soll deutlich werden, dass die Taufe nicht nur ein einmaliges Geschehen ist, das die Zugehörigkeit zur Kirche bewirkt. Die Taufe muss gelebt werden, damit sie lebendig und wirksam bleibt.

| Material | Für jedes Kind 1 kleine (Opfer-)Kerze; Osterkerze, Taufbrunnen mit Weihwasser |

■ Eröffnungsteil

Lied

Gotteslob Nr. 270, 1.3: „Kommt herbei, singt dem Herrn"

Liturgische Eröffnung

Das Kreuz ist das Zeichen aller Christen, mit dem sie ausdrücken, dass sie zu Christus gehören. Daran denken wir, wenn wir jetzt den Gottesdienst beginnen.
+ Im Namen des Vaters ... Amen.

Begrüßung und Einführung

Es ist schön, dass wir alle hier zusammen sind und miteinander beten und singen. Wir wissen, Jesus ist bei uns und versteht alles, was wir ihm sagen. Er will uns helfen, gut als seine Freunde zu leben. Durch die Taufe haben wir seinen Namen erhalten: Wir gehören zu Jesus Christus, wir sind Christen.
Jesus hat sich damals vor 2000 Jahren von Johannes taufen lassen. Gott hat bei seiner Taufe gesagt: „Du bist mein geliebter Sohn." – „Du bist mein Kind, das ich lieb habe", hat Gott auch bei eurer Taufe gesagt und sagt es immer wieder, wenn ein Mensch getauft wird.

Schuldbekenntnis und Vergebung

(1) Gott, Vater im Himmel,
    du schenkst allen, die zu dir beten, den Heiligen Geist.
    Oft vergessen wir, an dich zu denken und zu dir zu beten.
(2) Gott, Vater im Himmel,
    in der Taufe hast du uns zu deinen Kindern gemacht.
    Oft vergessen wir, dass wir deine Kinder sind.
(3) Gott, Vater im Himmel,
    du hast alle Menschen gleich lieb.
    Oft vergessen wir, dass wir niemanden aus unserer Klassengemeinschaft ausschließen dürfen.
(4) Gott, Vater im Himmel,
    du vergibst uns unsere Lieblosigkeit und Sünden.
    Oft vergessen wir, anderen zu verzeihen und uns wieder zu vertragen.

Gott, Vater im Himmel,
du bist heilig und bist uns doch ganz nah.
Du verstehst uns und hilfst uns, das Gute zu wollen und auch zu tun.
Dafür danken wir dir
und loben und preisen dich jetzt und alle Zeit. Amen.

■ Hauptteil

Halleluja-Ruf

Das kennt ihr alle: Wenn ihr euch so richtig freut, dann werdet ihr vor lauter Freude unruhig und fangt an zu jubeln und zu jauchzen und manchmal sogar zu singen. So ein froher Jubelgesang ist das Halleluja; da kann man richtig hören, wie schwungvoll und mitreißend Freude ist. Wir singen es immer vor dem Evangelium, weil wir uns freuen, dass darin Jesu Worte und Taten, sein Leben verkündet wird.

Alle singen zusammen das Taizé-Halleluja[14].

Evangelium

Mt 3,13–17 Die Taufe Jesu

Katechese

Das war ein besonderes Ereignis im Leben Jesu: seine Taufe im Jordan.
Auch eure Taufe war ganz wichtig, denn mit ihr beginnt euer Leben als Christ. Ihr könnt euch wahrscheinlich nicht mehr an sie erinnern, weil ihr noch ganz klein wart. Auf Fotos oder bei kleinen Geschwistern habt ihr sicher schon gesehen, was alles bei der Taufe geschieht. Aber alles kann man nicht mit den Augen sehen, das kann man nur spüren. Das ist die Kraft, als Kinder Gottes zu leben. An einem Beispiel will ich euch zeigen, wie stark diese Kraft ist und wie sie uns verändern kann.

Rose von Jericho

(Die Erklärung zur Rose von Jericho ist als Information für die Vorbereitungsgruppe und die Katechetinnen/Katecheten gedacht:

---

14 Aus: Gesang aus Taizé. Melodie: J. Berthier. Deutsche Rechte: Christopherus-Verlag, Freiburg.

Die Rose von Jericho kommt in den Wüstengebieten Israels und Jordaniens vor. Sie ist im trockenen Zustand unbegrenzt, über Jahrhunderte hinweg haltbar und kann beliebig oft zum Aufblühen gebracht werden. Dazu muss die Pflanze mit Wasser übergossen werden und mit dem unteren Teil, der Wurzel, in einer flachen, mit Wasser gefüllten Schale liegen bleiben. Nach ungefähr 8 Stunden verwandelt sie sich in eine grüne, biegsame Pflanze. Dieser Vorgang ist auf 10–20 Minuten zu verkürzen, wenn sie mit kochendem Wasser übergossen wird, das ihr nicht schadet, im Gegenteil, das Beleben und Öffnen kann beobachtet werden. Danach kann man sie eine Woche in dem Wasser liegen lassen. Nach dem Wässern braucht die Pflanze eine Trockenphase von mindestens 2 Wochen. Durch diese ungewöhnlichen Lebensumstände ist sie zu einem Symbol für Lebenskraft geworden. Sie wird bevorzugt zur Geburt oder zur Taufe eines Kindes oder zu Ostern verschenkt.)

Die trockene Pflanze erst zu diesem Zeitpunkt in das Blickfeld der Kinder holen.

Hier halte ich etwas in meiner Hand, das ziemlich seltsam aussieht.
Es ist auch gar nicht so richtig zu erkennen, was es ist.
Schaut einmal genau hin; beschreibt mal, was ihr hier seht.
Ich verrate schon einmal, dass es eine Pflanze ist.
♦ Wie sieht sie aus; und wie fühlt sie sich an?
 – trocken
 – Knubbel
 – keine richtige Farbe
♦ Und was kann man wohl damit machen?
 – Ofen heizen, doch sie verbrennt zu schnell
 – massieren, doch dann zerbricht sie
 – Tiere füttern, doch sie zersticht ihnen das Maul
Als ich sie geschenkt bekommen habe, da habe ich mir auch gedacht: Was soll ich bloß mit diesem farblosen, trockenen Knubbel machen? Er ist doch zu gar nichts nütze.
Ja, wie kommt er nur zu dem protzigen Namen „Rose von Jericho"?
Jericho ist eine ganz alte Stadt im Heiligen Land, nicht weit vom Jordan entfernt. Jesus kannte diese Stadt auch.
Und eine Rose ist ja wohl eine prächtige, eine schöne Blume. Wo ist denn da nur die Ähnlichkeit?

Die gewässerte Rose von Jericho holen.

Seht einmal, das ist die gleiche Pflanze.
Was ist mit ihr geschehen?
Wie hat sie sich nur so verändern können?
– Sie hat Wasser bekommen.
– Sie hat sich entfaltet.
– Sie ist sogar etwas grün geworden.
Jetzt ist sie
– richtig schön.
– Sie duftet – nach Wüste.
– Sie ist lebendig geworden.

Was ist das für ein Unterschied zwischen beiden Rosen von Jericho!
Wir können alle die Veränderung deutlich sehen, die das Wasser
bei dieser Wüstenpflanze bewirkt hat.
Durch das Wasser ist sie lebendig geworden und hat Farbe angenommen:
– So eine Kraft hat Wasser.
– So viel kann es verändern.

Wenn wir das schon hier bei dieser Pflanze beobachten können,
dann können wir uns auch ein wenig vorstellen, was das Wasser
bei der Taufe mit einem Menschen machen kann:
Es macht ihn zu einem neuen, ganz anderen Menschen, der weiß,
– dass Gott sein zärtlicher Vater und seine liebende Mutter ist
– dass Jesus sein Bruder ist, der immer und überall mit ihm zusammenlebt
– dass der Heilige Geist die Kraft Gottes ist, die leben hilft.

Wenn ich diese Rose von Jericho aus dem Wasser nehme, wird sie
ganz schnell wieder trocken und so unansehnlich wie die andere.
Darum ist es so wichtig, dass alle Christen
– in der Gemeinschaft mit Gott
– und mit den Menschen in der Kirche leben,
damit die lebendigmachende Kraft des Taufwassers nicht verloren
geht.

Glaubensbekenntnis

Jetzt gehen wir zusammen zum Taufbecken und stellen uns in einem Kreis darum herum. Bei der Taufe haben eure Eltern und Paten für euch gesagt, dass sie an Gott glauben. Das schafft ihr jetzt schon fast ganz allein. Ihr könnt am Ende eines jeden Satzes sagen: „Amen, Herr, ich glaube das."

— Gott hat den Himmel und die Erde gemacht und den Menschen, den er wie ein guter Vater und eine gute Mutter liebt.
Amen, Herr, ich glaube das.
— Jesus ist der Sohn Gottes und seine Mutter ist Maria. Er ist am Kreuz gestorben und von den Toten auferstanden. Er lebt.
Amen, Herr, ich glaube das.
— Der Heilige Geist zeigt uns, wie wir gut beten können, er hilft uns, Gott zu vertrauen und echte Freunde Jesu zu werden.
Amen, Herr, ich glaube das.

Ja, das ist unser Glauben. Wir tauchen unsere Hände in das Weihwasser des Taufbeckens und denken an unsere Taufe.
Wenn wir jetzt das Kreuzzeichen machen, so ist das die allerkürzeste Form, den Glauben zu bekennen. Den Glauben an Gott + den Vater, den Sohn und den Heiligen Geist. Amen.

Heiligen-Litanei

Zur Heiligen-Litanei gehen alle vom Taufbecken zum Altar, vor dem die Osterkerze brennt. Für jedes Kind ist eine kleine (Opfer-) Kerze bereitgelegt oder die eigene mitgebrachte Taufkerze auf einen Ständer gestellt.

Ihr habt alle einen Namen, den eure Eltern für euch ausgesucht haben, weil sie ihn schön fanden. Bei eurer Taufe ist euer Name genannt worden, weil ein Heiliger oder eine Heilige ihn auch trägt, das sind eure Namenspatrone. Sie sind alle Freunde Gottes und haben uns gezeigt, wie fest sie an Gott glauben. Jeder darf seinen Namenspatron anrufen und dabei seine Kerze an der Osterkerze entzünden.

Jesus, du bist das Licht der Welt.
Alle Heiligen haben dein Licht weitergetragen,
damit Menschen an dich glauben und zu dir beten.

1. Kind: Heiliger Philipp	*Alle:* Bitte für Philipp (*Kerze an der Osterkerze entzünden*)
2. Kind: Heilige Paula	*Alle:* Bitte für Paula (*Kerze an der Osterkerze entzünden*)
3. Kind: Heiliger Jan	*Alle:* Bitte für Jan (*Kerze an der Osterkerze entzünden*)
4. Kind: Heilige Anna	*Alle:* Bitte für Anna (*Kerze an der Osterkerze entzünden*)

Es ist nicht erforderlich, nach der Langform des Heiligennamens zu suchen, der Rufname der Kinder darf genügen, wenn sie nicht selbst den vollständigen Namen des Patrons kennen.

Vaterunser
Lieber Gott, durch die Taufe sind wir deine Kinder geworden und dürfen Vater zu dir sagen. So beten wir jetzt zu dir, wie Jesus es uns gesagt hat ...

■ **Schlussteil** ─────────────────────────────

Gebet
Wir danken dir, Vater im Himmel,
dass du uns durch die Taufe in die große Gemeinschaft der Christen hineingeführt hast
und wir alle zu Schwestern und Brüder Jesu geworden sind.
Dafür loben und preisen wir dich
mit allen, die ganz nah bei dir sind, den Engeln und Heiligen.
Amen.

Segensbitte
Bleibe bei uns, wenn wir nach Hause gehen,
mache unsere Herzen hell, dass wir wissen, was wir tun sollen,
und segne uns, damit wir so stark und mutig wie die Heiligen werden.
Das schenke uns der dreieine Gott, + der Vater, der Sohn und der Heilige Geist. Amen.

Lied
Gotteslob Nr. 964: „Fest soll mein Taufbund immer stehen" (Diözesananhang Erzbistum Köln) – Gotteslob Nr. 965 enthält die neue Textfassung.

Entlassung

Heute haben wir an mehreren Stellen in der Kirche gestanden und gebetet und gesungen und viel von der Taufe gesprochen. Stellt die Kerze zu Hause doch auf den Tisch und seht euch die Fotos von eurer Taufe an oder lasst euch erzählen, wie es damals war. Fragt einmal nach eurem Namenspatron, was von ihm überliefert ist. So, und nun macht's gut.

5.2.3.3 Gründonnerstag

Erläuterung des Modells

Eröffnungsteil	
Gemeinsamer Einzug zum gedeckten Tisch	Wenn die Kinder sich vor dem Raum treffen, in dem Gottesdienst gefeiert wird, und gemeinsam einziehen, um sich an einen gedeckten Tisch zu setzen, so stellt das eine Parallele zum Betreten des Abendmahlssaales in Jerusalem dar. Feststimmung bewirkt auch der schön hergerichtete Tisch mit weißer Decke, Blumen- und Kerzenschmuck, Tellern oder Servietten und Trinkgefäßen.
Begrüßung – Liturgische Eröffnung	Die Begrüßung kann sehr kurz sein, da vor Beginn des Gottesdienstes sich schon alle vor der Tür gesehen haben. Auf das Kreuzzeichen sollte allerdings nicht verzichtet werden.
Lied	Das Eröffnungslied nennt Jesus als den zum Gottesdienst Einladenden.
Psalm	Der Psalm ist ein Lobgebet und knüpft an die Abendmahlstradition an.

Hauptteil	
Evangelium	Das Thema des Evangeliums ist das Geschehen des Gründonnerstages.
Fragen zum Evangelium	Mit der Antwort auf die Fragen zum Evangelium wird der Inhalt wiederholt und zusätzlich erklärt. Die verschiedenen Gegenstände, die zu den einzelnen Antworten gezeigt werden, vertiefen das Gesagte und sind einprägsam.
Lied	Im Lied wird noch einmal das Abendmahlsereignis angesprochen.
Vaterunser	Hier als Tischgebet vor dem Essen.

Mahlhalten	Das Brot, möglichst ein Fladenbrot, wird mit der Hand zerteilt und an die Kinder ausgeteilt. Die Anzahl der Kinder ist für die Menge an Brot maßgeblich. Der Traubensaft wird danach ausgeschenkt. Das gemeinsame Essen gehört zur Tischgemeinschaft. Auf gleichzeitigen Beginn beim Essen sollte geachtet werden.

Schlussteil	
Lied	Danklied, das viele Gründe zum Danken nennt.
Segensbitte und Sendung	Der Segen ist zugleich der Auftrag, ihn zu anderen zu tragen.
Verteilen weiterer Brote	Die Kinder bekommen noch ein Brotstück, das sie an andere in der Familie oder Nachbarschaft weitergeben sollen. Sie erfahren, dass sie etwas mitnehmen, um es zu verschenken.

Modell

Thema	„Abendmahl"
Ziel	Die Kinder sollen erkennen, dass Jesus dem Paschafest, das er mit seinen Jüngern gefeiert hat, einen neuen Sinn gegeben und es zum Zeichen seiner bleibenden Gegenwart gemacht hat.
Material	Gedeckte Tische – wie unter „Gemeinsamer Einzug" beschrieben, Krug, (siebenarmigen) Leuchter oder Kreuz, mehrere Brote (Fladenbrote), Karaffe mit Traubensaft, Abendmahlsbild, Liedblätter, da die Lieder aus unterschiedlichen Quellen stammen.

■ **Eröffnungsteil** ──────────────────

Gemeinsamer Einzug zum gedeckten Tisch
Für die Feier am Gründonnerstag ist es gut, wenn sich die Kinder außerhalb des Raumes treffen, in dem dann der Gottesdienst stattfinden soll. Bei ihrem Eintreffen begrüßt sie der Gottesdienstleiter oder die Leiterin:

78

– Schön, dass du gekommen bist, Katrin.
– Hallo Max.
– Guten Tag, Ludger, prima, dass du deine kleine Schwester mitgebracht hast.
– Lara, du bist ja auch gekommen. Wolltet ihr nicht in Ferien fahren?
– ...

Zur festgesetzten Zeit des Gottesdienstanfangs:
Ihr wisst, heute ist Gründonnerstag, der Tag, an dem Jesus mit seinen Jüngern zum letzten Mal zusammen gegessen hat. Das war damals ein ganz festliches Mahl. Wir (*eventuell Namen nennen*) haben den Pfarrsaal vorbereitet, dass wir hier schön feiern können. In einem großen Rechteck sind genügend Tische aufgestellt, dass ihr alle an ihnen Platz finden könnt.

Begrüßung und liturgische Eröffnung
Ich freue mich, dass ihr alle gekommen seid und wir zusammen am Tisch sitzen. Wir sind jetzt eine richtige Tischgemeinschaft, zu der auch Jesus Christus gehört, so beginnen wir unsere Feier + im Namen des Vaters ...

Lied
„kommt und singt"[15] Nr. 214: „Christus lädt uns alle ein"

Psalm (nach Psalm 33)
   Kommt alle, ihr Freunde Gottes,
   er lädt euch ein, mit ihm zu feiern.
V/A ||: Freut euch und singt frohe Lieder. :||
   Hört auf sein Wort, das er spricht,
   und seht auf seine Liebe, die er schenkt.
V/A ||: Freut euch und singt frohe Lieder. :||
   Groß ist Gott, er hat die Welt geschaffen
   und alles, was auf ihr lebt.
V/A ||: Freut euch und singt frohe Lieder. :||
   Klatscht in die Hände und jubelt laut,
   denn Gott ist mitten unter uns, wir gehören zu ihm.
V/A ||: Freut euch und singt frohe Lieder. :||

---

[15] Vgl. Anmerkung 10.

Dankt Gott aus ganzem Herzen,
seine Liebe ist stärker als der Tod.

V/A ‖: Freut euch und singt frohe Lieder. :‖
Gütig ist Gott, er ist der Vater aller Menschen,
in seinem Namen sind wir hier,
ihn preisen wir, wenn wir beten und singen,
ihn preisen wir, wenn wir für andere da sind.

V/A ‖: Freut euch und singt frohe Lieder. :‖

■ **Hauptteil** ———————————————————————

Evangelium
Mk 14,12–16.22–26

Fragen zum Evangelium
Die Fragen werden am besten vor dem Gottesdienst schon an einige Kinder verteilt.

a) *1. Frage:* **Warum hat Jesus mit seinen Freunden zusammen das Festmahl gehalten?**

b) *Symbol: Siebenarmiger Leuchter oder Kreuz*

c) *Antwort:* Das Paschafest ist ein Familienfest. Zum Essen und Trinken gehört eine große Gemeinschaft. Es gibt sogar eine Vorschrift, dass zum Paschamahl so viele Personen zusammensein sollen, die es schaffen, ein Lamm zu verspeisen. So war Jesus mit seinen Freunden an diesem Abend am Tisch versammelt. Sie gehörten zu ihm; sie waren seine Familie, die wie er Gott ihren Vater nennen durften.
Dieser **siebenarmige Leuchter/dieses Kreuz** bedeutet, dass auch wir zur Familie Jesu gehören, dass wir Gott so anreden dürfen, wie Jesus es getan hat.

d) Wir beten:
Vater im Himmel, wir danken dir
für Jesus Christus, unseren Bruder.
Alle wiederholen diese Anrufung.

a) *2. Frage:* **Warum hat Jesus zwei Jünger in die Stadt geschickt?**

b) *Symbol: Krug*

c) *Antwort:* Jesus braucht Hilfe, um richtig feiern zu können. Damals schickte er Petrus und Johannes vor, das Fest vorzubereiten.

Heute meint er uns. Da geht es nicht allein um die Vorbereitung des Raumes. Es geht vielmehr darum, dass wir uns vorbereiten, damit wir mit Jesus feiern können.

Dieser **Weinkrug** bedeutet, dass wir unser Herz für das Fest mit
Jesus bereiten wollen, dass wir auf sein Kommen warten.

d) Wir beten:

Komm, Herr Jesus, und sei unser Gast.
Alle wiederholen die Anrufung.

a) *3. Frage:* **Was war das Besondere an diesem Abend?**

b) *Symbol:* Abendmahlsbild

c) *Antwort:* Jesus wusste, dass es sein letztes Mahl war, bevor er
sterben würde. Er hat dem Fest einen neuen Sinn gegeben. Er
hat seine Jünger vorbereitet, dass sie mit ihm leben können,
auch wenn er nicht mehr so bei ihnen sein wird, wie sie es
kannten. Er hat ihnen mit dem heiligen Mahl ein Zeichen seiner Gegenwart geschenkt und ihnen den Auftrag gegeben, damit immer sein Gedächtnis zu feiern.

Dieses **Bild vom Abendmahl** bedeutet, dass wir heute besonders an das Versprechen Jesu denken, dass er immer bei uns ist.

a) Wir beten:

Du, Herr, gabst uns dein festes Wort:
Du gehst nicht wieder von uns fort.
Alle wiederholen die Anrufung.

a) *4. Frage:* **Warum hat Jesus zu dem Brot gesagt: „Das bin ich"?**

b) *Symbol:* Brot

a) *Antwort:* Das Brot, das zum Paschafest gegessen wird, erinnert
daran, dass Gott dem Menschen nicht nur das Leben schenkt,
sondern ihm auch alles gibt, was er zum Leben braucht.

Er tritt selbst für alle ein, die an ihn glauben, und führt sie in
die Freiheit – wie damals das Volk Israel aus Ägypten in das
gelobte Land. Diesen Weg können alle aber nur schaffen, weil
Gott ihnen zu essen gibt.

Das betont Jesus jetzt ganz besonders: Er ist das Brot des Lebens, mit dem alle, die an ihn glauben, den Weg aus Sünde und
Tod in sein ewiges Reich gehen können.

So wie das Brot die Nahrung ist, die die Menschen brauchen,
so ist Jesus für alle Christen das Brot, das für sie lebensnotwen-
dig ist.

Dieses **Brot** bedeutet, dass wir Nahrung brauchen, um zu leben. Jesus schenkt uns die Kraft, mit ihm in Gemeinschaft zu leben.

a) Wir beten:
Herr, Jesus Christus,
lass uns immer
mit dir verbunden sein.
Alle wiederholen die Anrufung.

a) *5. Frage:* **Warum hat Jesus dann noch zum Kelch mit Wein gesagt: „Das ist mein Blut"?**
b) *Symbol: Karaffe mit Traubensaft*
c) *Antwort:* Der Wein ist etwas Besonderes; den trinken die Menschen bei einem Fest oder bei einem fröhlichen Anlass.
Die Jünger wussten auch, dass Gott mit seinem Volk Israel einen Bund geschlossen hatte, als er sie durch die Wüste in das gelobte Land führte. Damals hatte Mose das Blut eines Opfertiers genommen und im Auftrag Gottes gesagt: „Das ist das Blut des Bundes, den der Herr ... mit euch geschlossen hat" (Ex 24,8).
Diese Worte hat Jesus wiederholt; aber er hat ganz bewusst gesagt: „Das ist mein Blut, das für euch vergossen wird."
Ich glaube, da hielten die Jünger den Atem an. Denn sie merkten sofort, wie wichtig diese Worte für Jesus waren. Jetzt waren sie dabei, als der Bund zwischen Gott und den Menschen erneuert wurde.
Immer wenn wir Eucharistie feiern, dann werden wir aufs Neue in diesen Bund hineingenommen. Wir gehören dazu: zu Jesus, zu den Jüngern, zu allen Christen, die früher gelebt haben, die heute leben und die in Zukunft leben werden.
Dieser **Saft aus Weintrauben** bedeutet, dass wir das Bundesvolk sind, das Jesus mit seinem Blut befreit hat.

a) Wir beten:
Herr Jesus, du Sohn Gottes, wir danken dir,
dass du für uns gelebt hast,
dass du für uns gestorben bist,
dass du für uns auferstanden bist.
Alle wiederholen diese Anrufung.

Lied
Gotteslob Nr. 537: „Beim letzten Abendmahle"

82

Vaterunser

Wenn wir jetzt gemeinsam das Vaterunser beten, dann können wir bei der Bitte um das tägliche Brot daran denken, dass Jesus das Brot gesegnet hat, bevor er es an seine Freunde austeilte. Das tat er nicht nur beim letzten Abendmahl, sondern immer, wenn er das Brot brach.

Vater unser ...

Mahlhalten

Wir haben hier auch etwas zum Essen und Trinken auf den Tisch gestellt, das jetzt verteilt wird. Wartet bitte, bis alle etwas haben, damit wir dann gemeinsam anfangen können.

Mit der Hand ein Kreuzzeichen über das Brot machen:
Gott, segne dieses Brot/diese Brote und alle, die davon essen.

Ebenso mit dem Traubensaft verfahren:
Gott, segne diesen Saft aus Weintrauben und alle, die davon trinken.

Bei einer größeren Anzahl von Kindern können Helfer das bereits zerteilte Brot austeilen und den Saft ausschenken.

▪ Schlussteil ─────────────────────────

Lied (nach der Melodie von „Danke für diesen guten Morgen"[16])
1)   Danke für deine große Güte,
        danke für alle Freundlichkeiten,
        danke, ach Herr, ich bin so fröhlich,
        dass du bist mein Freund.
2)   Danke, du hast mich eingeladen,
        danke, denn du hast mich so lieb,
        danke, dort bei dem Abendmahle
        gabst du selbst dich hin.
3)   Danke, du lässt mich nie alleine,
        danke, du segnest mich auch heut',
        danke, mit allen Großen, Kleinen
        ich dich loben darf.

─────────────────────────

[16] Nr. 55 (vgl. Anmerkung 1).

Segensbitte

Bevor wir nach Hause gehen, bitten wir Gott um seinen Segen. Wenn Gott segnet, so schenkt er uns seine Liebe, die bei uns bleibt, die wir aber auch weitergeben müssen, damit ganz viele Menschen merken, dass Gott sie liebt.

Guter Gott, wir bitten dich, segne uns und mach uns zu deinen Boten.

+ Im Namen des Vaters ... Amen.

Verteilen weiterer Brote

Jetzt wartet auf euch noch eine Überraschung: Hier sind noch mehr Brote.

Jeder darf ein Stück davon mitnehmen und es jemandem aus der Familie oder der Nachbarschaft schenken, die freuen sich bestimmt darüber und ihr natürlich auch. Ihr werdet sehen: Teilen macht Freude und Freude bereiten macht Spaß!

5.2.3.4 Kinderkreuzweg

Es gibt in einigen Gemeinden gute Erfahrungen, mit einer Gruppe von Kindern einen eigenen Kreuzweg zu gestalten. Das nachfolgende Beispiel beschränkt sich auf sieben Kreuzwegstationen. Alle diese Stationen haben einen biblischen Ursprung:

1. Station	(1)	Jesus wird zum Tode verurteilt. *alle Evangelien*
2. Station	(2)	Jesus nimmt das Kreuz auf seine Schultern. *Johannes*
3. Station	(5)	Simon von Zyrene hilft Jesus das Kreuz tragen. *Synoptiker (Mt, Mk, Lk)*
4. Station	(8)	Jesus begegnet den weinenden Frauen. *Lukas*
5. Station	(10)	Jesus wird seiner Kleider beraubt. *alle Evangelien*
6. Station	(12)	Jesus stirbt am Kreuz. *alle Evangelien*
7. Station	(14)	Der heilige Leichnam Jesu wird ins Grab gelegt. *alle Evangelien*

(In den Klammern sind die Stationen genannt, deren Bilder in den meisten Kirchen hängen. Auch an diesen vorhandenen Darstellungen kann der Kinderkreuzweg betrachtet werden.)

Zur Gestaltung wird für die Kinder Material gesammelt und bereitgelegt: 7 Kisten, 7 große Tücher (Bettlaken, Tischdecken ...), Windlichter, Laub, Steine, Hölzer, Bänder, Blumen, Papier, Stifte, Wasserfarben, Illustrierte, Zeitungen usw.

Zwei bis drei Kinder können den Ausbau einer Station übernehmen. Bevor jedoch die Gruppen eingeteilt werden, wird für alle Kinder möglichst evangeliennah die Passion Christi nacherzählt in der Reihenfolge, wie die einzelnen Kreuzwegstationen es ergeben. Die Phantasie der Kinder führt naturgemäß beim anschließenden Ausbau der Stationen zu ganz unterschiedlichen Ergebnissen. Im folgenden Abschnitt wird daher beispielhaft ein Resultat eines selbstgestalteten Kreuzweges beschrieben.

1. Station: Jesus wird zum Tode verurteilt.
Die Kiste wurde mit schwarzem Tuch ausgeschlagen und ein aufgerolltes Papier (Tapetenrolle) hineingelegt, auf dem mit schwarzem Stift Todesurteil geschrieben steht. Daneben liegt ein geöffneter Füller.

2. Station: Jesus nimmt das Kreuz auf seine Schultern.
Grünes Tuch bedeckt die Kiste. Laub liegt ausgestreut und ein Stück eines dicken Astes (Kaminholz) liegt auf dem Boden.

3. Station: Simon von Zyrene hilft Jesus das Kreuz tragen.
Gelbes, helles Tuch umhüllt die Kiste, daran werden Zeitungsausschnitte oder Bilder geheftet, die von Hilfstaten berichten.

4. Station: Jesus begegnet den weinenden Frauen.
Blaues Tuch verkleidet die Kiste, an deren oberen Rand ein Pappstreifen befestigt wird mit den Worten: Ich habe geweint. Auf blauem Papier in Tropfenform ergänzen die Kinder den Satz mit eigenen Erfahrungen.

5. Station: Jesus wird seiner Kleider beraubt.
Auf violettem Tuch liegen Würfel und eine ausgeschnittene Tunika in Kleinformat oder auch eine Postkarte (oder Kopie aus einem Buch) vom heiligen Rock in Trier.

6. Station: Jesus stirbt am Kreuz.
Aus zwei Hölzern binden die Kinder ein Kreuz, das sie an das schwarze Tuch lehnen, das die Kiste bedeckt. Steine liegen auf, in und vor der Kiste und einige Blütenstengel mit abgeknickten Köpfen.

7. Station: Der heilige Leichnam Jesu wird in das Grab gelegt.
Das schwarze Tuch hängt vor der Kiste und verdeckt die gesamte Vorderseite. Davor liegt das Kreuz, an das ein schwarz umrandetes Papier geheftet ist. Die Aufschrift lautet:
Hier liegt Jesus.
Geboren Weihnachten in Betlehem.
Gestorben Karfreitag in Jerusalem.
Und jetzt?

Die österliche Bußzeit und die Karwoche bieten sich natürlich in besonderer Weise für einen Kinderkreuzweg an.

Erläuterung des Modells

Eröffnungsteil	(in der Kirche)
Lied	Das Lied dient der Sammlung und macht sogleich bewusst, das wir den Weg nie allein, sondern gemeinsam mit Jesus Christus gehen.
Begrüßung und Einführung	Die Kinder werden als die Gemeinde begrüßt, die versammelt ist, um den Kreuzweg Jesu nachzugehen.
Liturgische Eröffnung	Jesu Kreuz, das diesem Gottesdienst den Namen gibt, ist das Zeichen, das am Anfang jeder liturgischen Feier steht.
Gebet	Alles bisher Gesagte und das Anliegen des Gottesdienstes werden in ein Gebet aufgenommen und vor Gott getragen.
Hauptteil	(dort, wo der Kreuzweg aufgestellt ist)
Die Strukturierung der sieben Stationen ist jeweils gleich:	
Ansage der Station	Sie dient der Orientierung.
Anrufung und Antwort mit Kniebeuge	Die einfache Anrufung und die Antwort prägen sich den Kindern dadurch ein, dass sie sie wiederholen.

Evangelium	Es wird die die Station betreffende Passage aus dem Evangelium vorgelesen. Der Text kann auch aus einer Kinderbibel entnommen sein.
Betrachtung	Zwischen dem Leben der Kinder und der Kreuzwegstation soll ein Bezug hergestellt werden.
Gebet	Im Gebet wird noch einmal all das Gesagte vor Gott getragen.
Anzünden einer Kerze	Jede Station wird auf diese Weise abgeschlossen.
Schlussteil	(in der Kirche am Altar)
Segensbitte	Mit Ausblick auf die Auferstehung wird der Segen zugesprochen.
Lied	Die Kinder können leicht den vorgesungenen Text wiederholen.
Entlassung	Wer sich auf den Weg macht, darf darauf vertrauen, dass Jesus alle Wege mitgeht.

Modell

Thema	„Kreuzweg"
Ziel	Den Kindern soll nahegebracht werden, dass es neben dem historischen Kreuzweg Jesu auch jetzt noch für viele Menschen ganz unterschiedliche Leidenswege gibt.
Material	Wie in der Einleitung zum Kreuzweg beschrieben.

■ **Eröffnungsteil** *(in der Kirche)* ───────────────────

Lied
„kommt und singt"[17] Nr. 312,1.2: „Mit Jesus wollen wir gehen"

---

[17] Vgl. Anmerkung 1 (Text und Melodie: Franz Kett, RPA Verlag Landshut).

Begrüßung und Einführung

Ich freue mich, dass ihr alle gekommen seid, um mit Jesus zu gehen, wie wir gerade gesungen haben. Es ist nämlich ein sehr schwerer Weg, auf dem wir ihm nachfolgen wollen. Wir können diesen Weg auch nur gehen, weil Jesus ihn vorausgegangen ist und auch jetzt bei uns ist. Darauf vertrauen wir.

Liturgische Eröffnung

+ Im Namen des Vaters ... Amen.

Gebet

Herr Jesus Christus,
du hast viele Schmerzen und Qualen erlitten und bist am Kreuz gestorben. Doch du hast nie aufgehört, für uns bei Gott, deinem Vater, zu bitten. Du bist nicht im Grab geblieben; du bist auferstanden. Du bist bei uns und lässt uns nicht allein. Du gehst mit allen Menschen, besonders mit denen, die leiden und verspottet werden, die verfolgt werden und deren Leben in Gefahr ist.
Für deine Güte danken wir dir und bitten dich: Herr, bleibe bei uns, heute und alle Tage unseres Lebens. Amen.

■ **Hauptteil** (*dort, wo der Kreuzweg aufgestellt ist*) ——————

1. STATION

Ansage der Station

Jesus wird zum Tode verurteilt.

Anrufung und Antwort mit Kniebeuge

V/A //: Wir beten dich an, Herr Jesus Christus, und preisen dich.://
V/A //: Denn durch dein heiliges Kreuz hast du die Welt erlöst. ://

Evangelium

Mk 15,6–15

Betrachtung

Auch heute noch werden Menschen unschuldig zum Tode verurteilt, weil andere glauben, die Macht über Leben und Tod zu haben. Manchmal setzen auch wir uns rücksichtslos durch und verletzen andere dadurch.

Gebet

Herr, Jesus, du leidest immer noch, wenn durch uns Unrecht geschieht.

Öffne unsere Augen und unser Herz, damit wir auf deinem Weg gehen.

V/A //: Herr, erbarme dich. ://

Anzünden einer Kerze

In Stille wird eine Kerze vor der Station angezündet. Alle bleiben noch einen Moment stehen, bevor gemeinsam weitergegangen wird.

2. STATION

Ansage der Station

Jesus nimmt das Kreuz auf seine Schultern.

Anrufung und Antwort mit Kniebeuge

V/A //: Wir beten dich an, Herr Jesus Christus, und preisen dich. ://
V/A //: Denn durch dein heiliges Kreuz hast du die Welt erlöst. ://

Evangelium

Joh 19,15b–17

Betrachtung

Jesu Kreuz ist aus Holz. Arbeiter mußten einen Baum fällen, damit daraus das Kreuz gezimmert werden konnte. Viele Menschen lieben Bäume und finden sie schön, und doch können aus ihnen Todeswerkzeuge gemacht werden. Auch wir machen manchmal aus etwas Schönem etwas Schlechtes, wenn wir zum Beispiel beim Spielen den Ball absichtlich ins Gebüsch werfen, damit er lange gesucht werden muß.

Gebet

Herr Jesus, du spürst immer noch die Last des Kreuzes, wenn wir aus Ärger eine gute Gemeinschaft stören.

Hilf uns, mehr daran zu denken, wie lieb du uns hast.

Öffne unsere Augen und unser Herz, damit wir auf deinem Weg gehen.

V/A //: Herr, erbarme dich. ://

Anzünden einer Kerze
In Stille wird eine Kerze vor der Station angezündet. Alle bleiben noch einen Moment stehen, bevor gemeinsam weitergegangen wird.

3. STATION

Ansage der Station
Simon von Zyrene hilft Jesus das Kreuz tragen.

Anrufung und Antwort mit Kniebeuge
V/A //: Wir beten dich an, Herr Jesus Christus, und preisen dich. ://
V/A //: Denn durch dein heiliges Kreuz hast du die Welt erlöst. ://

Evangelium
Lk 23,26

Betrachtung
Als es Jesus ganz schlecht geht und er keine Kraft mehr hat, sein Kreuz selbst zu tragen, trägt es ein Mann vom Feld hinter ihm her. Als Jesus geboren wurde, waren Hirten die ersten, die zu ihm kamen, und jetzt ist es auch ein einfacher Mann, der bei ihm ist und ihm hilft. Niemand ist zu dumm, zu unbedeutend oder zu klein, um anderen zu helfen. So können wir alle für andere da sein.

Gebet
Herr Jesus, du brauchst Hilfe, um deinen Weg zu Ende zu gehen. Öffne unsere Augen und unser Herz, damit wir auf deinem Weg gehen.
V/A //: Herr, erbarme dich. ://

Anzünden einer Kerze
In Stille wird eine Kerze vor der Station angezündet. Alle bleiben noch einen Moment stehen, bevor gemeinsam weitergegangen wird.

4. STATION

Ansage der Station
Jesus begegnet den weinenden Frauen.

Anrufung und Antwort mit Kniebeuge

V/A //: Wir beten dich an, Herr Jesus Christus, und preisen dich. ://
V/A //: Denn durch dein heiliges Kreuz hast du die Welt erlöst. ://

Evangelium

Lk 23,27–28

Betrachtung

Wie schlimm ist es, Not zu sehen und nicht helfen zu können. Da kommen die Tränen oft von alleine. Da wird deutlich, dass Mitleid mitleiden bedeutet. Wer weint, braucht sich nicht zu schämen. Jesus sieht die Tränen; und ihm tun die Weinenden Leid.

Gebet

Herr Jesus, du bist traurig mit den Traurigen und hast Mitleid mit den Weinenden. Wir denken oft nur an den eigenen Kummer. Öffne unsere Augen und unser Herz, damit wir auf deinem Weg gehen.
V/A //: Herr, erbarme dich. ://

Anzünden einer Kerze

In Stille wird eine Kerze vor der Station angezündet. Alle bleiben noch einen Moment stehen, bevor gemeinsam weitergegangen wird.

5. STATION

Ansage der Station

Jesus wird seiner Kleider beraubt.

Anrufung und Antwort mit Kniebeuge

V/A //: Wir beten dich an, Herr Jesus Christus, und preisen dich. ://
V/A //: Denn durch dein heiliges Kreuz hast du die Welt erlöst. ://

Evangelium

Joh 19,23–24

Betrachtung

Ohne Kleider zu sein heißt nicht nur, nackt zu sein, sondern auch ohne Würde. Jesus blutet aus vielen Wunden. Alle sehen das Zittern seines geschlagenen und verletzten Körpers am Kreuz. Die Soldaten haben aber nur Augen für seine Kleider und knobeln um das beste Teil. Betroffen erinnern wir uns, wie wir an jemandem nichts Gutes gelassen haben, um uns selbst einen Vorteil zu verschaffen.

Gebet
Herr Jesus, dir werden heute die Kleider geraubt, wenn wir andere Menschen bloßstellen und ihr Ansehen missachten.
Öffne unsere Augen und unser Herz, damit wir auf deinem Weg gehen.
V/A //: Herr, erbarme dich. ://

Anzünden einer Kerze
In Stille wird eine Kerze vor der Station angezündet. Alle bleiben noch einen Moment stehen, bevor gemeinsam weitergegangen wird.

6. STATION

Ansage der Station
Jesus stirbt am Kreuz.

Anrufung und Antwort mit Kniebeuge
V/A //: Wir beten dich an, Herr Jesus Christus, und preisen dich. ://
V/A //: Denn durch dein heiliges Kreuz hast du die Welt erlöst. ://

Evangelium
Mk 15,33–39

Betrachtung
Jesus ist tot. Es scheint, dass alles Leben aufgehört hat. Aber es ist noch etwas da, etwas, das wohl der römische Hauptmann unter dem Kreuz bemerkt hat. Er bekennt: Wahrhaftig, dieser Mensch war Gottes Sohn. Er ahnt im Tode Jesu schon etwas von der Herrlichkeit Gottes, die nicht sterben kann. Seit Jesus gelitten hat und gestorben ist, wissen wir, dass Jesus in Leid und Tod bei uns ist.

Gebet
Herr Jesus, du bist den Weg durch Schmerzen und durch den Tod gegangen, damit du ihn auch mit uns gehen kannst.

Öffne unsere Augen und unser Herz, damit wir auf deinem Weg bleiben.
V/A //: Herr, erbarme dich. ://

Anzünden einer Kerze
In Stille wird eine Kerze vor der Station angezündet. Alle bleiben noch einen Moment stehen, bevor gemeinsam weitergegangen wird.

7. STATION

Ansage der Station
Der heilige Leichnam Jesu wird in das Grab gelegt.

Anrufung und Antwort mit Kniebeuge
V/A //: Wir beten dich an, Herr Jesus Christus, und preisen dich. ://
V/A //: Denn durch dein heiliges Kreuz hast du die Welt erlöst. ://

Evangelium
Mt 27,57–61

Betrachtung
Was haben wir es doch leicht, an Jesus zu denken, wie er im Grabe liegt; denn wir wissen, dass er am Ostermorgen auferstanden ist. Doch für seine Freunde damals gab es diese Gewißheit noch nicht. Sie hatten mit ihm auch ihre Hoffnung und ihren Glauben begraben. Sie meinten, Jesus für immer verloren zu haben.

Gebet
Herr Jesus, der Tod macht solche Angst, weil wir denken, durch ihn das Leben zu verlieren. Du aber hast den Tod besiegt und uns das ewige Leben geschenkt. Schenke uns den Glauben, der stärker ist als der Tod, und lass uns immer mit dir leben, hier und in Ewigkeit. Amen.

Anzünden einer Kerze
In Stille wird eine Kerze vor der Station angezündet. Alle bleiben noch einen Moment stehen. Dann begeben sich alle gemeinsam zum Altar.

■ **Schlussteil** *(in der Kirche am Altar)* ───────────

Segensbitte
Der Altar ist der Tisch, an dem sich Jesus selbst im Brot des Lebens
verschenkt. Er ist der Herr über Leben und Tod. Auch jetzt ist er bei
uns und wir dürfen ihn bitten: Bleibe bei uns mit deinem Segen.
+ Im Namen des Vaters ... Amen.

Lied
Gotteslob Nr. 183: „Wer leben will wie Gott auf dieser Erde"

Entlassung
Jesus lebt, er lebt bei Gott. So kann er bei jedem Einzelnen von uns
sein und mit uns gehen, wenn wir uns jetzt auf den Weg nach Hause begeben.

5.2.3.5 Dreifaltigkeit

Erläuterung des Modells

Eröffnungsteil	
Begrüßung und Einführung	Die Begrüßung und Einführung stehen am Beginn des Gottesdienstes, weil sie die Kinder zu einem bewussten und überlegten Kreuzzeichen anleiten sollen.
Liturgische Eröffnung	Beim Kreuzzeichen wird der dreifaltige Gott bekannt.
Lied	Das Eröffnungslied entfaltet nochmals die Trinitätsaussagen.
Hauptteil	
Evangelium	Das Mt-Evangelium endet mit dem Sendungs- und Taufauftrag Jesu an seine Jünger. Dort wird die Tauformel mit Anrufung des dreifaltigen Gottes genannt.
Katechese	Die Idee des heiligen Patrick, die Dreifaltigkeit mit einem Kleeblatt zu erklären, ist immer noch ein anschauliches Beispiel, das auch Kinder verstehen können.
Glaubensbekenntnis	Das Glaubensbekenntnis wird als Wechselgebet gesprochen. So können alle Kinder mitbeten.

Fürbitten	Die Fürbitten greifen das Thema Dreifaltigkeit auf, das optisch unterstützt wird durch das Zusammenfügen eines Puzzlebildes von der Dreifaltigkeit. Die Vorbereitung für diese Aktion besteht darin, dass eine Darstellung der Dreifaltigkeit gesucht wird und eventuell auf DIN-A3-Format vergrößert wird. Auf Karton aufgeklebt kann das Bild in 6 Puzzleteile (= Anzahl der Fürbitten) zerschnitten werden. Ein fester Rahmen verhindert ein Verrutschen beim Zusammenlegen. Auf der Rückseite eines jeden Teils steht eine Fürbitte, die von den Kindern abgelesen werden kann.
Vaterunser	Wenn das Vaterunser gesungen wird, sollte die Melodie gewählt werden, die den Kindern bekannt ist.
Schlussteil	
Segensbitte	Der Segen des dreieinigen Gottes wird erbeten. Die Kinder werden wie zu Beginn des Gottesdienstes zu überlegtem Mittun angeregt.
Lied	Hier kann ein Credolied als Schlussgesang gewählt werden, damit das Thema Dreifaltigkeit durchgängig betont ist.
Entlassung	Vor dem Auseinandergehen geben sich alle die Hand und verabschieden sich gemeinsam. Die Kinder dürfen ein Kleeblatt mit nach Hause nehmen. Zu der Zeit wächst Klee auf Wiesen und Rasen. Man kann aber auch Aufkleber oder preiswerte dreiblättrige (!) Kleeblätter aus Holz aussuchen, die es in Bastel- und Papierwarengeschäften zu kaufen gibt.

Modell

Thema	„Dreifaltigkeit"
Ziel	Die Kinder sollen erahnen, dass die Dreifaltigkeit Gottes von den menschlichen Erfahrungen und Begegnungen mit ihm zu erklären ist.
Material	ein großes Bild mit einem Kleeblatt ein Topf mit echtem Klee oder Kleeblattabziehbilder oder kleine dreiblättrige (!) Holzkleeblätter selbstgemachtes Dreifaltigkeitspuzzle *(Beschreibung unter Fürbitten in der Modellerklärung)*

95

▪ Eröffnungsteil ─────────────────────

Begrüßung und Einführung
Guten Morgen! Ich freue mich, dass ihr alle gekommen seid und wir nun zusammen Gottesdienst feiern können. Heute haben wir etwas ganz Schwieriges zu überlegen, etwas, worüber sich Pastöre und Professoren schon oft den Kopf zerbrochen haben. Ein Geheimnis, das sogar der Allerschlauste nicht ganz richtig erklären kann: Warum sagen wir Christen, dass es nur einen Gott gibt und beten dann im Namen des Vaters und des Sohnes und des Heiligen Geistes? Das sind doch drei?
Aber wisst ihr, da ist schon der erste Fehler, denn das ist keine Rechenaufgabe, bei der man wissen muss, wie 1 und 3 irgendwie gleichgemacht werden. Ich habe schon gesagt, dass es um ein Geheimnis geht, um etwas, das keiner von uns ausrechnen kann. Es ist ein Geheimnis, auf das wir uns alle verlassen, ein Geheimnis, das uns so sehr umgibt, dass es uns schon ganz normal vorkommt. Es ist auch das Geheimnis, zu dem wir uns bekennen, wenn wir das Kreuzzeichen machen. Darum wollen wir jetzt ganz aufmerksam und überlegt das Kreuzzeichen machen und die Feier beginnen:

Liturgische Eröffnung
+ Im Namen des Vaters … Amen.

Lied
„kommt und singt"[18] Nr. 149: „Im Namen des Vaters fröhlich nun beginnen wir"

▪ Hauptteil ─────────────────────

Evangelium
Mt 28,16–20

Katechese
Karton mit großem dreiblättrigem Kleeblatt zeigen.

───────────

[18] Das Lied entstammt der Saarländer Kindermesse; Text: A. Wortmann; Melodie: H. Wortmann. Rechte: Studio Union im Lahn-Verlag, Limburg.

Wer kennt Irland?
Wisst ihr auch etwas über diese Insel? Warum zeige ich wohl dieses Kleeblatt?

Antworten abwarten und im Zusammenhang wiederholen.

Was das Kleeblatt bedeutet, habt ich auch gewusst (bzw.: hat keiner von euch gewusst). Es ist ein Zeichen für Irland und ebenso bekannt wie die grün-weiß-orange Flagge. Viele Iren lieben das Kleeblatt als Erkennungszeichen für ihr Land sogar mehr als ihre Fahne. Und jedes Kind kann dort schon erklären, woran das Kleeblatt erinnern soll, so stolz sind sie auf diese Geschichte; eine Geschichte, die 1600 Jahre alt ist.

Damals gab es in Irland nur wenige Christen, aber sie hatten schon einen Bischof, der hieß Patrick. Und Patrick konnte den Menschen gar nicht genug von Jesus erzählen. Er zog mehr durch das Land, um in den Dörfern zu predigen, als dass er in seiner Bischofskirche anzutreffen war. Und weil er nicht nur gut predigen konnte, sondern auch sehr hilfsbereit war und mit anpackte, wo es nötig war, wurde er immer beliebter. Schließlich war er so bekannt, dass auch ein irischer Hochkönig von ihm hörte und ihn kennen lernen wollte. Patrick ging auf die Burg des Hochkönigs und gefiel auch dem Stammesfürsten. Und ihr könnt euch denken, dass er mit ihm nicht nur über das Wetter, die Jagd und die Seefahrt sprach. Patrick verkündete dem König die Frohe Botschaft.

Der König wollte immer mehr von Jesus wissen; und Patrick blieb einige Zeit bei ihm, um ihn zu unterrichten. Sie gingen oft über die grünen Wiesen Irlands spazieren. Eines Tages blieb der König stehen und sagte ganz ernst zu Patrick: „Patrick, ich habe Jesus richtig liebgewonnen und ich möchte auch Christ werden wie du. Aber etwas verstehe ich nicht, wenn du mir hilfst, eine Antwort zu finden, dann will ich mich taufen lassen." Da freute sich Patrick natürlich sehr; aber im nächsten Augenblick fürchtete er auch, dem König keine Antwort auf seine Frage geben zu können. Er betete leise: „Guter Gott, hilf mir, die Frage des Königs zu beantworten." Laut sagte er: „König, frage nur. Ich will dir Rede und Antwort stehen, damit ich deine letzten Zweifel zerstreue und dich dann im Namen des Vaters, des Sohnes und des Heiligen Geistes taufen

kann." Da fasste der König Patrick an den Schultern, so aufgeregt war er: „Ja, siehst du, das ist schon meine Frage: Du sagst, ihr Christen betet nur einen Gott an und nicht viele verschiedene, wie ich es von meinen Eltern gelernt habe. Aber du hast mir erzählt, dass Gott der Vater aller Menschen ist und so sehr liebt, dass er seinen Sohn gesandt hat, der uns erlöst hat. Und der Geist Gottes, der auch der Geist Jesu ist, schenkt uns die Kraft, zu glauben und Jesus nachzufolgen. Wie ist das möglich, ein Gott ist Vater, Sohn und Geist? Wenn ich richtig zähle, so sind das doch drei und nicht nur einer!" Patrick senkte ganz betroffen seine Augen auf den Boden, das war wirklich eine schwere Frage; und wenn der Heilige Geist ihm nicht kräftig helfen würde, müsste er den König um eine Pause zum Nachdenken bitten. Da fiel sein Blick auf die Wiese unter seinen Füßen, und er entdeckte mitten im Gras ein Kleeblatt. Er bückte sich und pflückte es. Er hielt es dem König hin und fragte ihn: „Was siehst du?" „Ein Kleeblatt!", entgegnete der König schnell. „Wirklich, siehst du nur ein Kleeblatt?", wiederholte Patrick seine Frage noch genauer. Da wurde der König nachdenklich und antwortete nicht mehr ganz so schnell: „Es können auch drei Blätter eines Kleeblatts sein." Und er begriff, was Patrick ihm erklären wollte: Es gibt nur einen Gott, und er ist so groß, dass ihn kein Mensch erkennen kann. Weil Gott aber den Menschen nahe sein will, so nahe wie das Kleeblatt in der Hand, begegnet er dem Menschen so, dass jeder ihn kennen lernen kann:
als Gott, der die Welt erschaffen hat und erhält – das ist Gott Vater,
als Gott, der Mensch geworden ist, damit alle seine Brüder und Schwestern werden – das ist Gott Sohn,
und schließlich als Gott, der den Menschen hilft, Gutes zu tun und ihn zu bekennen – das ist Gott Heiliger Geist.

So hat Patrick mit dem Kleeblatt dem König gezeigt, dass drei Blätter in einem sind, wie Gott drei in eins ist. Nach seiner Taufe ließ der König das dreiblättrige Kleeblatt auf seine Fahnen und Wände malen, damit alle sahen, dass er an Gott, den Vater, Sohn und Heiligen Geist glaubt. Und daran erinnert noch heute das irische Kleeblatt, wo immer man es sehen kann.

Glaubensbekenntnis
Wenn wir unseren Glauben bekennen, so wollen wir das mit den Worten der Geschichte tun, denn in den sechzehnhundert Jahren

seit Patrick hat sich nichts geändert. Auch das „Amen", mit dem wir alle unsere Gebete abschließen, ist schon uralt; das haben schon die ersten Christen verwandt, um ihre Zustimmung zu dem Gebet zu geben: Ja, das glaube ich. So sagten die Christen in allen Jahrhunderten und auch wir können es ihnen gleichtun.

– Gott, du hast die Welt erschaffen und sie uns Menschen geschenkt. Du sorgst für uns als unser guter Vater.
A.: Ja, das glaube ich.
– Gott, du bist Mensch geworden. In deinem Sohn Jesus Christus bist du unser Bruder geworden.
A.: Ja, das glaube ich.
– Gott, du hilfst uns, Gutes zu tun. Dein Heiliger Geist schenkt den Mut und die Kraft, als aufrichtige Christen zu leben.
A.: Ja, das glaube ich.
– Gott, Vater, Sohn und Heiliger Geist, du warst immer und wirst immer sein. Du lebst in Ewigkeit, in der wir einmal mit dir zusammen ewig leben dürfen.
A.: Ja, das glaube ich.

Fürbitten
Beschreibung des Puzzles unter Erläuterung des Modells.

Großer und unendlicher Gott, du willst uns nahe sein und begegnest uns als Vater, Sohn und Heiliger Geist. Deine Liebe zu uns Menschen ist ebenso groß und unendlich wie du selbst, darum bitten wir dich jetzt.
(Text von der Rückseite des Puzzles ablesen.)
1. *Kind*: Lasst uns beten für alle, die dein Wort verkünden: Sende ihnen gute Ideen, damit sie wie Patrick die Frohe Botschaft so weitersagen können, dass sie gut zu verstehen ist.
A.: Wir bitten dich, erhöre uns.
2. *Kind*: Lasst uns beten für alle, die wenig Zeit haben: Gibt ihnen Ruhe zu einem guten Gespräch.
A.: Wir bitten dich, erhöre uns.
3. *Kind:* Lasst uns beten für alle, die nicht an dich glauben: Zeige ihnen, wie sie dich finden können.
A.: Wir bitten dich, erhöre uns.
4. *Kind:* Lasst uns beten für alle, die krank und einsam sind:

Hilf ihnen, ihre Angst und ihre Sorgen zu ertragen, um wieder Freude am Leben zu haben.

A.: Wir bitten dich, erhöre uns.

5. *Kind:* Lasst uns beten für alle, die bald in Ferien fahren: Schenke ihnen eine gute Zeit mit viel Erholung und wenig Langeweile.

A.: Wir bitten dich, erhöre uns.

6. *Kind:* Lasst uns beten für alle, die bald sterben müssen: Hole sie zu dir, damit sie bei dir leben.

A.: Wir bitten dich, erhöre uns.

Gott der Güte und der Liebe.
Du gibst uns alles, was wir brauchen,
und du bist immer bei uns.
Dich loben wir, und dir danken wir
heute und morgen und in Ewigkeit.
Amen.

Vaterunser *(gesungen)*
Man sagt, gesungenes Lob ist doppeltes Lob, wenn man also singt, ist es noch einmal soviel wert. Darum wollen wir heute das Vaterunser aus tiefem Herzen singen.

■ Schlussteil

Segensbitte
Zu Beginn des Gottesdienstes haben wir schon ganz aufmerksam das Kreuzzeichen gemacht. Jetzt, zum Ende unserer Feier sind wir noch mehr in das Geheimnis der Dreifaltigkeit eingetaucht, so können wir noch viel überlegter um den Segen bitten:
Es segne uns der dreifaltige Gott, + der Vater, der Sohn und der Heilige Geist. Amen.

Lied
Gotteslob Nr. 907: „Ich glaube, Herr, dass du es bist" (Diözesananhang Erzbistum Köln)

Entlassung
Alle geben sich die Hände und wir sagen: Auf Wiedersehen.
Der irische König hat Kleeblätter malen lassen als sein Glaubensbe-

kenntnis. Ihr dürft diese Kleeblätter mitnehmen als Erinnerung an den Heiligen Patrick und an seine Erklärung.

5.2.3.6 Maiandachten: Maria, Mutter Jesu (A); Maria, breit den Mantel aus (B)

Maria, Mutter Jesu (A)

Erläuterung des Modells

Eröffnungsteil	
Lied	Das Marienlied ist im Mai besonders angebracht, da der Monat genannt wird. Der einfache und fröhliche Text wird gerne von Kindern mitgesungen.
Begrüßung und Einführung	Das Lied enthält schon eine Begrüßung, in die hier die Kinder eingeschlossen werden.
Liturgische Eröffnung	Auch in einer Marienfeier muß deutlich sein, dass Menschen sich um Gott versammeln.
Gebet	Es versteht sich demzufolge, dass das Gebet an Gott gerichtet ist.

Hauptteil	
Lied	Das Lied deutet die Lesung aus dem Alten Testament neutestamentlich und auf Maria bezogen.
Biblische Lesung	Die Verheißung der Geburt des göttlichen Kindes geht auf das alttestamentliche Buch Jesaja zurück.
Katechese	Die Ereignisse des Neuen Testmentes, die mit Maria verknüpft sind, werden mit den Kindern besprochen. Von den elf Textstellen können je nach Anzahl der Kinder nur so viele besprochen werden, wie sich sinnvolle Untergruppen von ungefähr vier Kindern mit einem Jugendlichen oder erwachsenen Begleiter bilden lassen. Die Kinder malen ein Bild, auf dem sie das Thema darstellen. Alle Bilder werden dann zu einer Collage zusammengefügt.
Fürbitten	Wenn es die Zeit erlaubt, können die einzelnen Gruppen der Kinder eine Fürbitte zu ihrem Bild formulieren. Das Fürbittgebet darf nicht an Maria gerichtet sein, doch bieten sich Ereignisse aus ihrem Leben als Einleitung für einzelne Intentionen an.

Schlussteil	
Lied	Ein Marienlied, in dem Maria um Hilfe gebeten wird, beendet den Gottesdienst.
Segensbitte	Auch hier wird wieder deutlich, dass in jedem Gottesdienst Gott der Mittelpunkt ist.
Entlassung	Auch die Eltern werden eingeladen, sich das Marienbild anzusehen.

Modell

Thema	Maria, die Mutter Jesu
Ziel	Die Kinder sollen erfahren, dass Maria nur im Zusammenhang mit Jesus verehrt wird.
Material	Malpapier und -stifte, Kleber, großes Plakat für Untergrund der Collage

■ **Eröffnungsteil** ──────────────────────

Lied
Gotteslob Nr. 951: „Maria, Himmelskönigin" (Diözesananhang Erzbistum Köln)

Begrüßung und Einführung
Ein schöner Monat wie der Mai macht fröhlich, das ist euch auch anzusehen. Bestimmt wird unsere Maiandacht eine fröhliche Feier werden.
Wir wollen überlegen, was wir alles von Maria wissen. In der Bibel erfahren wir, wie sie gelebt hat, wie froh sie war, aber auch wie sie ganz traurig war. Sie hat auf Gott vertraut und durfte die Mutter Jesu werden. Sie ist für uns ein Vorbild, und wir wollen wie sie auf Gott sehen und diesen Gottesdienst feiern:

Liturgische Eröffnung
+ Im Namen des Vaters und des Sohnes und des heiligen Geistes. Amen.

Gebet

Lebendiger Gott, du hast Maria erwählt, die Mutter Jesu zu werden. Weil Jesus unser Bruder ist, dürfen wir dich Vater nennen und Maria als unsere Mutter anreden, die uns zeigt, wie wir mit dir leben können.

Darüber freuen wir uns. Dafür danken wir dir durch Christus, unseren Herrn. Amen.

▪ Hauptteil ────────────────────────

Lied

Gotteslob Nr. 580, 1–6: „Ave Maria, gratia plena"

Biblische Lesung

Jes 7,14 und 9,1.5–6

Katechese

Jesaja war ein großer Prophet, der ungefähr 600 Jahre vor Jesus gelebt hat. Er hat schon die Geburt des göttlichen Kindes angekündigt, das die Menschen zu einem besseren Leben führt.

Diese Verheißung kannten alle, die zum Volk Israel gehörten. Auch Maria kannte sie. Doch sie hat bestimmt nie daran gedacht, dass Gott gerade sie auswählen würde, bis der Engel ihr diese unglaubliche Nachricht brachte. Aber dann sagte sie Ja zu Gottes Plan. Was sie danach alles erlebte, darüber erfahren wir etwas in der Bibel.

Hier habe ich einmal alle Stellen des Neuen Testamentes aufgeschrieben, die von Maria erzählen. Ihr werdet sicher sofort merken, dass nie von Maria geredet wird, ohne dass auch Jesus genannt wird. Wenn ihr gleich in eurer Gruppe eine Geschichte aus dem Leben von Maria hört, so überlegt einmal, wie sie sich wohl dabei gefühlt hat, und malt dazu ein Bild.

Die folgenden Textabschnitte und die Zusammenfassungen sind als Anregung für die Gruppenarbeit gedacht.

1. Lk 1,26–38   *Verkündigung*
                     Maria verstand nicht und war sehr erschrocken über das, was sie hörte. Doch sie glaubte, dass Gott wusste, was gut war.

2. Lk 1,39–47.56 *Besuch bei Elisabet*
Maria macht sich auf den langen Weg zu Elisabet. Beide Frauen freuen sich, und sie danken Gott, weil sie ein Kind bekommen.

3. Lk 2,1–7 *Die Geburt Jesu*
Jede Mutter ist glücklich, wenn ihr Kind geboren ist. Maria war das auch, doch sie hatte sich bestimmt gewünscht, für Jesus ein Bettchen zu haben, in das sie ihn legen konnte.

4. Lk 2,8–19 *Die Hirten in Betlehem*
Die ersten, die zu Maria und Josef kamen, um Jesus zu sehen, waren ganz einfache Leute. Maria freute sich sehr, dass diesen Menschen ihr Sohn so wichtig war, dass sie alles stehen und liegen ließen und zu ihm eilten.

5. Mt 2,1–3.8–12 *Der Besuch der Sterndeuter*
Die Sterndeuter brachten kostbare Geschenke für Jesus mit. Maria fühlte, dass Jesus ihnen viel mehr bedeutete als ihre Schätze und ihr Wissen.

6. Mt 2,3–15 a *Flucht nach Ägypten*
Maria hatte sich kaum von der Geburt erholt, da mußte sie schon mit Jesus und Josef nach Ägypten fliehen. Das war eine riesige Strapaze, doch Maria hielt durch, weil sie Jesu Leben retten wollte.

7. Lk 2,22–35 *Das Opfer im Tempel*
Für Maria war Jesus kein Ausnahmekind. Sie behandelte ihn so, wie es damals jede Mutter in Israel mit ihrem Sohn getan hat. Josef und sie konnten nur staunen, dass der alte Mann im Tempel Jesus mit den Worten grüßte, die sie von Jesaja kannten, als er vom Messias redete. Maria wünschte sich für ihren Sohn ein Leben ohne Schwierigkeiten und sie merkte nun, dass viele Menschen von ihm Großes erwarteten.

8. Lk 2,41–52　　*Der zwölfjährige Jesus im Tempel*
Der Tempelbesuch in Jerusalem sollte so ein
schönes Fest werden, doch er endete für Maria
und Josef mit großen Sorgen. Jesus war verschwunden. Mit wachsender Angst suchten sie
ihn und verstanden überhaupt nicht, dass er
nicht nach ihnen Ausschau gehalten hatte, als
sie ihn endlich nach drei Tagen fanden.

9. Joh 2,1–12　　*Die Hochzeit in Kana*
Endlich war Jesus erwachsen; und Maria hoffte,
dass sie das Schlimmste mit ihm überstanden
hatte. Da blamierte er sie auf einer Hochzeit.
Doch sie wurde nicht böse, im Gegenteil, sie
empfahl den Dienern, sich nach Jesus zu richten. Sie hatte gelernt, dass vieles ganz anders
mit Jesus war, als sie es erwartete.

10. Mk 3,31–35　　*Die wahren Verwandten Jesu*
Wie weit mag Maria gegangen sein und wie lange musste sie warten, um endlich mit ihrem
Sohn sprechen zu können. Aber Jesus kümmer-
te sich überhaupt nicht um sie. Maria war sehr
enttäuscht und sie merkte mit Bestürzung, dass
er ihr nicht alleine gehörte, sondern dass er für
alle da war, die an ihn glaubten.

11. Joh 19,25–27　　*Maria unter dem Kreuz*
Keine Mutter will, dass ihr Kind vor ihr stirbt.
Maria musste das ertragen. Sie musste miterle-
ben, wie ihr Sohn unschuldig als Verbrecher
hingerichtet wurde. Das war mehr als sie aushal-
ten konnte. Jesus hilft ihr noch vom Kreuz herab
und schenkt ihr einen neuen Sohn, seinen
Freund Johannes. Seitdem ist Maria Mutter aller
Menschen, die zu Jesus gehören.

*Alle Bilder, die die Gruppen nach diesen Anregungen malen, wer-
den zu einem großen Marienbild zusammengefügt.*

Fürbitten

Die folgenden Fürbitten wollen sich nur als Beispiel verstanden wissen. Aus der Gruppenarbeit können vielleicht auch freie Fürbitten formuliert werden.

Jesus, du hast deine Mutter Maria auch uns zur Mutter gegeben. Heute haben wir vieles aus ihrem Leben erfahren. Nun beten wir zu dir:

1. Jesus, deine Mutter hat darauf vertraut, dass Gott alles gut macht. Darum hat sie dem Engel gegenüber Ja gesagt.
   Hilf den großen Jungen und Mädchen zu erkennen, welchen Beruf sie haben sollen.
2. Jesus, deine Mutter hat dich zusammen mit Josef drei Tage lang gesucht.
   Gib den Müttern und Vätern viel Geduld, wenn sie es schwer mit ihren Kindern haben.
3. Jesus, deine Mutter hat zu dir gehalten, als du am Kreuz gestorben bist.
   Tröste alle, die traurig sind, weil ein lieber Mensch gestorben ist.
4. ...

Gott, unser guter Vater, wir vertrauen darauf, dass Maria, die Mutter Jesu, mit uns betet. Erhöre darum unsere Bitten durch deinen Sohn Jesus Christus, unsern Herrn.
Amen.

▪ Schlussteil

Lied
Gotteslob Nr. 581,1.3: „Ave Maria klare"

Segensbitte
Der Engel Gabriel grüßte Maria mit Segensworten, die von Gott kamen.
Auch wir bitten Gott um seinen Segen:
+ Im Namen des Vaters und des Sohnes und des heiligen Geistes.
Amen.

Entlassung

Dieses schöne große Bild, das ihr heute alle zusammen gemalt habt, hängen wir neben den Marienaltar (in den Eingang der Kirche, in den Schaukasten …), damit viele es sehen können. Kommt doch mit euren Eltern und Freunden vorbei und zeigt es ihnen.

Grüßt sie auch bitte, und nun „Auf Wiedersehen".

Maria, breit den Mantel aus (B)

Erläuterung des Modells

Eröffnungsteil	
Begrüßung und Einführung	Wenn die Kinder bei ihrer Ankunft persönlich begrüßt werden, schafft das sofort eine Verbindung miteinander. Die Einführung leitet auch das Lied ein.
Lied	Das Lied wurde nach dem Magnificat getextet.
Liturgische Eröffnung	Hier wird Gott als der Herr genannt, um den sich jede Gemeinde versammelt.
Gebet	Es versteht sich demzufolge, dass das Gebet an Gott gerichtet ist.
Hauptteil	
Lied	Die Grußworte Gabriels werden in diesem Lied nachempfunden. Es ist besser, die erste Strophe zweimal zu singen als alle drei Strophen, sie enthalten für Kinder unverständliche Worte.
Evangelium	Das große Lob, das Marias Freude über Gottes Nähe deutlich zeigt, hebt sie als Vorbild, als Erwählte hervor.
Katechese	Die Bedeutung Marias für heutige Menschen wird mit ihrer Verehrung als Schutzmantelmadonna für die Kinder erschlossen. Der Vergleich mit einer Henne und Küken ist vielleicht nur Kindern in ländlicher Umgebung geläufig und müsste Stadtkindern eingehender erklärt werden.
Bitten an Maria	Wenn die Kinder sich mit Bitten an Maria wenden, so wird damit das Vertrauensverhältnis betont.

Lied	Ein Marienlied, in dem Maria um Hilfe gebeten wird, beendet den Gottesdienst.
Segensbitte	Auch hier wird wieder deutlich, dass in jedem Gottesdienst Gott der Mittelpunkt ist.
Entlassung	Hinweis, dass die Eltern eingeladen sind, sich das Marienbild anzusehen.

Modell

Thema	„Maria, breit den Mantel aus"
Ziel	Gott hat Maria zur Mutter Jesu erwählt, so ist sie durch Jesus auch unsere Mutter geworden. Durch ihre Verehrung weitet sich unser Blick auf Gott.
Material	Fotos oder Papier, Buntstifte und Schere, Kleber. Mantel in Umhangform aus Stoff oder Papier. Verschiedene Marienbilder.

■ Eröffnungsteil

Begrüßung und Einführung
Nach der persönlichen Begrüßung an der Tür:
Ihr habt schon gesehen, dass heute viele Bilder hier ausgebreitet sind, auf denen immer Maria zu sehen ist. Meistens ist auch Jesus dabei. Das ist auch gut so, denn wir kennen Maria ja nur deshalb aus der Bibel, weil Gott sie zur Mutter seines Sohnes Jesus Christus erwählt hat. Wie froh sie darüber war und wie froh auch wir sein dürfen, davon handelt das Lied, das wir singen wollen.

Lied
Gotteslob Nr. 261: „Den Herren will ich loben"

Liturgische Eröffnung
Ja, wir wollen Gott loben, heute, in diesem Gottesdienst:
+ Im Namen des Vaters und des Sohnes und des heiligen Geistes. Amen.

Gebet

Gott, du hast Maria erwählt, die Mutter Jesu zu werden. Weil Jesus unser Bruder ist, dürfen wir dich Vater nennen und Maria als unsere Mutter anreden, die uns zeigt, wie wir mit dir leben können. Darüber freuen wir uns. Dafür danken wir dir durch Christus, unseren Herrn. Amen.

■ **Hauptteil** ───────────────────────────────────

Lied

Gotteslob Nr. 582: „O Maria, sei gegrüßet"
(1. Strophe zweimal wiederholen)

Evangelium

Lk 1,39–56

Katechese

Maria und Elisabet waren Freundinnen, die beide zur gleichen Zeit ein Kind erwarteten.

Dass sie darüber ganz glücklich waren, ist doch klar. Vielleicht habt ihr ja auch schon einmal erlebt, wie das ist, wenn zwei Frauen sich treffen, die ein Baby erwarten. Für die gibt es nur ein Thema: ihre Babys. Bei Maria und Elisabet war das aber ein wenig anders. Sie redeten von Gott! Nicht weil ihre Babys ihnen weniger wichtig waren, sondern weil beide wussten, dass sie Gott danken mussten, dass sie Mutter wurden. Maria hat nie vergessen, Gott zu danken. Auch wenn sie sich nicht alles erklären konnte, was sie erlebte, sie glaubte, dass es Gottes Wille war, dass sie sich ganz fest auf ihn verlassen konnte. Ihr Glauben und ihr Vertrauen zeigen uns auch, wie wir glauben und vertrauen können. Wir wissen, dass Maria die Mutter Jesu ist, dass sie ganz nah bei Gott ist, damals und auch heute. Gott hat uns durch sie Jesus als Bruder geschenkt, darum können wir auch an Maria als unsere Mutter denken. Und das wisst ihr selbst: Mütter verstehen ihre Kinder; und sie helfen ihnen, wenn es schwierig ist. Sie sind einfach für sie da.

Das hat Leute, die darüber nachgedacht haben, wie sie Maria am besten malen könnten, damit sie auch sofort erkannt wird, auf die Idee gebracht, sie mit einem weiten Mantelumhang zu zeichnen, unter dem alle Menschen Platz finden. Maria breitet ihren Mantel aus, um uns zu beschützen.

Der Maler, der sie zuerst so gemalt hat, hat vielleicht beobachtet, wie eine Henne ihre Küken ruft, wenn es zu kalt ist oder wenn sie von einem anderen Tier bedroht werden. Die Henne gackert ganz laut, damit ihre Küken sie hören und wissen, wohin sie laufen müssen, um zu ihr zu kommen. Dann breitet sie ihre Flügel aus und die Kleinen kriechen darunter. Alle ihre Kinder finden unter ihren Flügeln Schutz. Schutz vor Kälte, Schutz vor der Gefahr und auch Schutz vor dem Verlorengehen.

Bei diesem Bild hat sich der Maler gedacht, so ist das doch auch mit Maria: Maria zeigt uns Jesus, damit wir wissen, auf wen wir sehen müssen. Sie zeigt uns, wie die Liebe Gottes wärmen kann, und sie zeigt uns auch, dass der Glaube an Gott vor der Gefahr schützt, sich nur auf sich selbst zu verlassen. Maria hat verstanden, dass niemand verloren ist, der wie sie bei Gott ist. Nie! Und darum hat ihr der Maler einen weiten Mantel umgehängt, den sie offen hält, damit wir alle zu ihr kommen können, wie die Küken zu ihrer Mutter.

Maler malen immer nur Menschen, die sie kennen. Zu Maria kommen aber viel mehr, als je ein Maler in einem Bild darstellen kann. Darum wollen wir heute selbst ein Bild malen, auf dem wir zu erkennen sind, wie wir zu unserer Mutter Maria gehen.

Den Mantel habe ich schon vorbereitet. Jeder kann sich malen. Eure Figur schneidet ihr dann anschließend aus und befestigt sie auf Marias Mantel. (*Ebenso ist es möglich, zu diesem Zweck Fotos auszuschneiden.*)

Bitten an Maria

Maria, du Mutter Jesu, dein Glaube an Gott zeigt auch uns den Weg zu ihm.

Hilf uns, dass wir immer besser diesen Weg zu Gott gehen können und deinem Sohn Jesus Christus nachfolgen.

Mögliche Ergänzungen durch die Kinder:

Maria, beschütz mich.
Maria hilf mir, dass ich mich nicht fürchte, wenn ich alleine bin.

Lied
Gotteslob Nr. 949,1.2: „Maria, breit den Mantel aus" (Diözesananhang Erzbistum Köln)

Segensbitte
Der Engel Gabriel grüßte Maria mit Segensworten, die von Gott kamen. Auch wir bitten Gott um seinen Segen:
+ Im Namen des Vaters und des Sohnes und des heiligen Geistes. Amen.

Entlassung
Dieses schöne große Bild, das ihr heute alle zusammen gemalt habt, hängen wir neben den Marienaltar (in den Eingang der Kirche, in den Schaukasten …), damit viele es sehen können. Kommt doch mit euren Eltern und Freunden vorbei und zeigt es ihnen. Grüßt sie auch bitte, und nun „Auf Wiedersehen".

5.3 Lebensgeschichtliche Ereignisse: Zeiten auf dem Lebensweg

5.3.1 Lebenssituationen und Lebensphasen

Es ist ein menschliches Grundbedürfnis, bestimmte Lebensphasen, die durch Veränderungen und Wandel gekennzeichnet sind, durch gottesdienstliche Feiern zu überhöhen und zu deuten. Wenn zwei Menschen sich entscheiden, fortan ihr Leben gemeinsam zu gestalten, so stellen sie sich bei der Feier ihrer Hochzeit unter den Schutz Gottes. Wenn sie ihr Kind taufen lassen, so feiern sie mehr als ein Familienfest, sie anerkennen, dass ihr Kind in der Hand Gottes ist. Wenn ein Kind größer wird, immer selbständiger und unabhängiger, lädt die Kirche ein zur Feier der Erstkommunion und der Firmung. Wenn der Tod eintritt, dann können die Hinterbliebenen sich im Ritus der Beerdigung ganz Gott anvertrauen in der Verkündigung vom anbrechenden Reich Gottes. In der Wissenschaft werden solche Feiern, die an Schwellensituationen stehen, oft als „rites de passages", als Übergangsriten bezeichnet. Auch im Leben von Kindern gibt es solche Zeiten auf dem Lebensweg, die im Licht der Frohen Botschaft gedeutet werden wollen.

5.3.2 Gottesdienstmodelle

5.3.2.1 Trauer – Tod

Erläuterung des Modells

Eröffnungsteil	
Begrüßung und Einführung	Die Begrüßung und Einführung stehen am Anfang des Gottesdienstes in dem nur wenig erleuchteten (Kirchen-) Raum, um den Kindern die besondere Situation zu erklären, in der Trauer und Tod gefeiert werden.
Liturgische Eröffnung	Bei der liturgischen Begrüßung wird mit dem Entzünden der Osterkerze und danach der sechs Leuchter nicht nur mehr Licht gebracht und mit dem Kreuzzeichen der gewohnte Anfang aller Gottesdienste gesetzt, sondern zeichenhaft Jesus Christus als Retter aus dem Tod in der Mitte der Kinder begrüßt.
Kyrie	Hier weitet sich der Gruß zu einem dreifachen Huldigungsruf.
Lied	Im Eröffnungslied werden Leben und Sterben in einen hoffnungsvollen Zusammenhang gebracht. Die Aufteilung in Vorsänger und „alle" erleichtert den Kindern das Nachsingen.

Hauptteil	
Biblische Lesung am Ambo mit Leuchtern	1 Thess 4,14 (mit 1,10) ist das älteste Zeugnis über Tod und Auferstehung Jesu. Den Rahmen bilden die Verse 13 und 18. Mit den Leuchtern wird die Lesung betont.
Katechese	An der geduckten Körperhaltung ist die Trauer abzulesen. Das Aufrichten drückt das Aufstehen – Auferstehen aus. Der Brief der Mutter an ihr totes Kind kann mit diesen Bewegungen begleitet werden.
Fürbitten	Die Symbole zu den einzelnen Fürbitten stellen eine optische Verbindung zu den Intentionen dar, die besonders einprägsam ist. Zudem bleiben sie während der verbleibenden Zeit des Gottesdienstes sichtbar. Ein Kind trägt jeweils eine Fürbitte vor, ein anderes zeigt das entsprechende Symbol und legt es danach vor einen Leuchter.
Vaterunser	Die Fürbitten leiten weiter zum Vaterunser.
Lied	Dieses Lied singt von der Hoffnung und lobt Gott, der stärker ist als der Tod.

Gang mit dem Totenbuch zum Altar	Der gemeinsame Gang aller Kinder zur Altarinsel und das Niederlegen des Totenbuches der Pfarrgemeinde auf dem Altar weist hin auf die Gemeinschaft der Lebenden und Verstorbenen in Christus.
Segensbitte	Alle stehen im Halbkreis vor dem Altar, so wird deutlich, dass der Segen von Christus selbst kommt.
Lied	Im Schlusslied ist Lebensfülle und die Ausrichtung auf Gott das Thema.
Entlassung	Nach diesem Gottesdienst, in dem Tod und Trauer – und auch Hoffnung – bedacht wurden, sollten die Kinder ruhig auf den Nachhauseweg geschickt werden.

Modell

Thema	Trauer und Tod
Ziel	Die Kinder sollen die zwei Seiten des Todes sehen. Es ist einmal das Ende des irdischen Lebens und zum anderen der Anfang des ewigen Lebens. So dürfen auch Trauer und Hoffnung nebeneinander stehen.
Material	Osterkerze, mehrere Leuchter, Docht für die Fürbitten: Bibel, Zeitung, Caritaszeichen (Flammenkreuz), Taschentuch, Krücken, Totenbuch der Gemeinde

▪ Eröffnungsteil

Begrüßung und Einführung
Heute brennen in der Kirche nur die Opferkerzen, die elektrische Beleuchtung ist nicht eingeschaltet. Das ist ganz ungewohnt; und man ist versucht, viel leiser zu sprechen.
Nicht nur hier in der Kirche ist es dunkel; auch draußen erleben wir den November als besonders dunklen Monat. Das hat schon seit langem die Menschen in dieser Zeit an den Tod denken lassen. Obwohl das Wetter trübe ist und obwohl die Stimmung irgendwie

traurig ist – die hellen Tage sind ja jetzt vorbei und so vieles in der Natur ist abgestorben und erinnert an das Ende des Lebens – feiern wir einen Gottesdienst und loben und preisen Gott.

Liturgische Begrüßung
Das ist gut und richtig, wir dürfen uns immer an Gott wenden, in Trauer und Freude, wenn wir weinen oder lächeln, wenn wir uns am liebsten verkriechen möchten oder wenn es uns gut geht und wir miteinander Gottesdienst feiern:
+ Im Namen des Vaters ...
Denn Gott ist bei uns, er will unser Leben hell machen.
Jesus hat gesagt: Ich bin das Licht der Welt. Darum zündet Rebecca jetzt die Osterkerze an, denn da, wo ein Licht brennt, ist keine Dunkelheit mehr, ebenso wie dort, wo Jesus ist, das Licht der Auferstehung die Dunkelheit des Todes besiegt.

Kyrie
Darum preisen wir Jesus Christus als unseren auferstandenen Herrn und rufen ihm zu:
– Jesus, du Sohn Gottes, du bist stärker als der Tod.
 Kyrie eleison.
– Jesus, du Sohn Marias, du hast allen das ewige Leben geschenkt.
 Kyrie eleison.
– Jesus, du Freund der Kinder, du bist immer bei uns.
 Kyrie eleison.

Lied
Gotteslob Nr. 183,1–5: „Wer leben will wie Gott auf dieser Erde"

■ **Hauptteil** ─────────────────────────────────

Biblische Lesung
Sechs Kinder holen die Leuchter, die um die Osterkerze stehen, und stellen sich damit zu beiden Seiten neben den Lektor hin.

Als die Jünger nach Ostern Jesus begegnet sind und gesehen haben, dass er nicht im Tod geblieben und auferstanden ist, da konnten sie ihre Angst und Trauer überwinden und froh verkünden: Jesus lebt. Der Apostel Paulus sagt sogar noch mehr. Er schreibt in seinem

114

Brief an die Gemeinde von Thessalonich: Jesus lebt und alle Verstorbenen werden auch leben!
Hört einmal genau hin, was er sagt.

1 Thess 4,13.14.18

Katechese
Die Leuchter wieder um die Osterkerze herum zurückstellen.

Paulus hatte beobachtet, wie Menschen, die sich sehr gefreut hatten, als er ihnen erzählte, dass Jesus gestorben und auferstanden war, damit alle das ewige Leben haben, ganz traurig wurden, wenn jemand von ihren Verwandten und Freunden starb.
Wie konnte denn Paulus sehen, dass sie traurig waren?
Woran merkt denn ihr, dass jemand traurig ist?

Antworten abwarten.

Lasst uns doch einmal versuchen, in uns zu fühlen, wie das ist, traurig zu sein.
Setzt euch so hin, wie ihr sitzt, wenn ihr ganz traurig seid.

Langsam und mit ruhiger Stimme benennen, wie die Kinder sich verhalten.
1. Wenn ich traurig bin, senke ich meinen Kopf.
2. Dann lege ich meinen Kopf auf die Arme.
3. Ich mache mich ganz klein.
4. Ich merke nicht mehr, wer in meiner Nähe ist.
5. Ich weine.
6. Ich will alleine sein. Am liebsten möchte ich mich verkriechen.
7. Ich bewege mich fast gar nicht.
8. Ich fühle nur Traurigkeit.
9. Und weil ich mich in mein Schneckenhaus aus Traurigkeit zurückziehe, wird es um mich herum auch dunkel.

Pause

Dann von einem Kind zum anderen gehen, die Hände auf die Schultern legen und es persönlich ansprechen. Die Gegenstände nur pantomimisch übergeben.

1. Sieh auf, Max, wie schön die Kerzen brennen.
2. Regina, heb deinen Kopf; dann kannst du mich ansehen.
3. Richte dich auf, Lisa; dann kannst du besser atmen.
4. Jakob, ich bin bei dir.
5. Johanna, hier ist ein Taschentuch, du kannst deine Tränen trocknen.
6. Lukas, hast du schon gesehen, dass hier viele sind, die mit dir traurig sind?
7. Steh auf, Ursula, komm wir gehen ein Stück zusammen.
8. Konrad, hör einmal, wie der Wind draußen weht (die Autos vorbeifahren, die Spatzen zwitschern ...)
9. Anna, nimm diese Kerze. Ihr Licht ist warm und hell.

So ist das, wenn einer kommt und tröstet. Die Traurigkeit ist dann nicht ganz verschwunden, doch es geht einem etwas besser. Und überall da, wo die Traurigkeit abnimmt, ist auch mehr Platz für Hoffnung. So hat das auch der Apostel Paulus seinen Freunden in Thessalonich geschrieben. Ich habe hier einen Brief, der ungewöhnlich ist. Eine Mutter hat ihn an ihre Tochter geschrieben, die gestorben ist.

Meine liebe, kleine Hannah,
heute habe ich dir neue Kerzen auf dein Grab gestellt; und Simon hat Kieselsteine aus unserem Garten mitgenommen und mit ihnen ein Kreuz neben das Licht gelegt. Du hast ja diese kleinen, weißen Steine so gerne gemocht. Immer wenn ich deine Jeans waschen wollte, musste ich sie vorher aus den Taschen holen. Aber jetzt hängen keine Jeans von dir mehr auf der Leine. Dein Zimmer ist leer ohne dich, und deine Puppe Steffi liegt ganz allein in deinem Bett. Ich mag gar nicht hineingehen, weil ich mir so sehr wünsche, dich dort zu sehen. Es tut so schrecklich weh, daran zu denken, wie ich abends an deinem Bett gesessen habe und die Gute-Nacht-Geschichte gelesen habe. Ich höre dich, wie du immer gebetet hast, dass der liebe Gott dich, deine Brüder und alle Kinder auf der Welt beschützen soll. Aber dich hat er nicht beschützt, als dich das Motorrad durch die Luft schleuderte. Die Ärzte haben Vati und mir gesagt, dass du keine Schmerzen ertragen musstest. Doch unsere Schmerzen sind unendlich. Sie sind tiefer als das Meer und höher als der höchste Berg. Ich habe immer einen Teller für dich auf den Mittagstisch gestellt, bis Jonas vorgestern gebetet hat: „Lieber Jesus,

wir danken dir für das Essen. Komm und segne alles und nimm den Teller mit, weil Hannah jetzt bei dir isst." Zuerst habe ich geweint, als ich Jonas hörte. Aber jetzt habe ich verstanden, dass Gott für dich so sorgt, wie ich es bisher getan habe. Und als sich Lukas eben an deine Messlatte stellte und stolz verkündete, er sei zwei Meter gewachsen, da habe ich zum ersten Mal wieder gelacht. Und Lukas kam zu mir gestürmt und hat mich ganz feste gedrückt. Er ist noch so klein und ruft dich noch manchmal, damit du ihm hilfst, die letzten Bausteine auf den hohen Turm zu setzen. Als Simon Lukas an der Messlatte stehen gesehen hat, fragte er mich, ob du im Himmel auch noch wächst, weil er überlegte, ob er dich dann später noch wiedererkennen könnte. Meine liebste Hannah, ich weiß nicht, ob du noch wächst, das habe ich auch Simon gesagt. Aber ich weiß ganz sicher, dass wir uns sofort wiedererkennen. Denn der Himmel kann nicht so sein, dass wir uns ängstlich suchen müssen, dass wir nicht wissen, wo wir hingehören. Im Himmel erkennen wir ganz klar, wie groß die Liebe Gottes ist, nach der ich hier noch verzweifelt frage. Und weil wir Gott dann ganz erkennen dürfen, werden wir bestimmt auch alle erkennen, die wir lieb haben.

Mein liebes Kind, ich werde immer an dich denken und du bleibst in meinem Herzen lebendig.

Deine Mama

Danach Stille

Fürbitten
Gottesdienstleiter/
Gottesdienstleiterin:
>Wenn wir jetzt die Fürbitten beten, so sind alle, für die wir beten, in unserem Herzen lebendig.
>Herr, Jesus Christus, du hast gelebt und bist gekreuzigt worden; und du bist am dritten Tag auferstanden, um allen Menschen den Weg durch den Tod hindurch zum Vater zu zeigen. Wir bitten dich:

1. Kind: (Intention Kirche – Symbol Bibel)
>Für alle, die deine Kirche leiten:
>Lass sie deine Frohe Botschaft so verkünden, dass immer mehr Menschen an dich glauben.

2. *Kind:* *(Intention Staat – Symbol Zeitung)*
Für alle, die regieren und mächtig sind:
Hilf ihnen, gerechte Gesetze zu machen, damit es weniger
Gewalt und Kriege gibt.

3. *Kind:* *(Intention Arme – Symbol Flammenkreuz der Caritas)*
Für alle, die arm sind und noch nicht einmal eine Woh-
nung haben.
Schick ihnen Menschen, die helfen können, dass das Leben besser wird.

4. *Kind:* *(Intention Traurige – Symbol Taschentuch)*
Für alle, die traurig sind:
Tröste sie, damit sie merken, wie sehr du sie liebst. Lass
sie nicht in der Dunkelheit ihres Herzen gefangen bleiben.

5. *Kind:* *(Intention Kranke – Symbol Krücken)*
Für alle, die krank sind und Schmerzen haben:
Schenk ihnen Kraft, ihre Krankheit auszuhalten, und Ge-
duld, um wieder gesund zu werden.

6. *Kind:* *(Intention Verstorbene – Symbol Totenbuch)*
Für alle, die gestorben sind:
Führe sie aus dem Tod heraus, damit sie bei dir glücklich
leben.

Gottesdienstleiter/
Gottesdienstleiterin:
Jesus, du Sohn Gottes und unser Bruder,
kein Mensch ist dir egal. Du willst, dass alle gut leben,
hier auf der Erde und auch für alle Ewigkeit im Himmel
bei dir. Du hast den Tod besiegt. Dafür danken wir dir und
loben und preisen dich, jetzt und allezeit und in Ewigkeit. Amen.

Nach jeder Fürbitte legt das Kind sein Symbol zu einem Leuchter
vor dem Altar.

Vaterunser
Wie wichtig es ist zu beten, können wir schon daran sehen, dass Jesus seinen Jüngern gesagt hat, wie sie beten sollen. Mit seinen Worten dürfen wir sprechen:
Vater unser ...

Lied
Unterwegs[19] Nr. 68,7–9: „Laudato si, o mi' Signore"

▪ Schlussteil

Gang mit dem Totenbuch zum Altar
Alle zusammen gehen wir jetzt zum Altar und legen das Totenbuch vom Leuchter (*vor dem Altar*) auf den Altar. Denn alle, die aus unserer Gemeinde gestorben sind und in diesem Buch aufgeschrieben sind, leben bei Gott und haben nicht aufgehört, mit uns zu der großen Gemeinschaft aller zu zählen, die an Jesus glauben.

In einen Halbkreis um den Altar stellen.

Segensbitte
Guter und freundlicher (barmherziger) Gott,
in deinem Segen liegt so viel Kraft:
Wenn du uns segnest, können wir teilen,
wenn du uns segnest, können wir Frieden stiften,
wenn du uns segnest, können wir trösten,
wenn du uns segnest, können wir hoffen,
wenn du uns segnest, können wir glauben,
wenn du uns segnest, können wir leben.
So bitten wir dich, komm und segne uns.
+ Im Namen ... Amen.

Lied
„kommt und singt"[20] Nr. 94: „Suchen und fragen"

---

[19] Vgl. Anmerkung 3.
[20] Vgl. Anmerkung 1 (Französischer Originaltext: Michel Sconarnec; Deutscher Text: Diethard Zils; Melodie: Jo Akepsimas.)

Entlassung

Wenn ihr nun nach Hause geht, so denkt einmal an jemanden, der schon gestorben ist, und erzählt diesem Menschen etwas, so wie die Mutter das in ihrem Brief an die Tochter gemacht hat. Und bevor ihr einschlaft, könnt ihr in dem Abendgebet auch für diese Person beten.

Nun geht und vertraut darauf,
dass Jesus, der Herr über Leben und Tod,
mit euch ist.

5.3.2.2 Bußgottesdienst

Erläuterung des Modells

Eröffnungsteil	
Eröffnungslied	Der Text des Eröffnungsliedes erinnert daran, dass Gott selbst einlädt und er die Voraussetzung schafft, dass die Feier gelingt.
Begrüßung – Liturgische Eröffnung	Es wird Antwort auf die Impulse des Liedes gegeben.
Gebet	Im Gebet wird das Anliegen des Gottesdienstes in Gebetsform wiederholt.

Hauptteil	
Lied	Dieses Lied empfiehlt sich als Hinführung zum Evangelium.
Evangelium	Für das Evangelium ist nur der Text des Gleichnisses vom Sämann gewählt, weil die Kinder zu einer Deutung aufgrund ihrer eigenen Erfahrungen angeregt werden sollen.
Erklärung	Die Erklärung hilft, die Bildhaftigkeit des Gleichnisses zu verstehen, und leitet zum ersten „Herr, erbarme dich" über.
Besinnung	Die Besinnung bietet Anhaltspunkte, das eigene Leben mit dem Gewissen zu beurteilen. Auch hier steht der Erbarmungsruf am Ende.
Hauptfehler	Zu einem früheren Zeitpunkt (vor dem Bußgottesdienst oder nach Ankündigung auch zu Hause) wurden die Kinder angeleitet, über ihre Hauptfehler nachzudenken und ihn auf einen Zettel aufzuschreiben. Das gegenteilige Gute zeigt einen Weg auf, der hilft, den Hauptfehler zu vermeiden.

Schuldbekenntnis	Das allgemeine Schuldbekenntnis ist aus der Messfeier bekannt und kann von den Kindern verstanden und mitgebetet werden.
Vergebungsbitte	Die Bitte um Vergebung ist ein wesentlicher Bestandteil des Bußgottesdienstes. Die Kinder soll dieses besondere Gewicht erkennen.
Prozession	Die Prozession führt aus der Kirche heraus an eine naheliegende Stelle, an der in einer Schale, einem Erdloch oder ähnlichem die Zettel mit den Hauptfehlern verbrannt werden. Danach kehren die Kinder in die Kirche zurück und machen in der Taufkapelle oder am Taufstein Halt.
Vaterunser	Das Vaterunser wird wieder in der Kirche gesprochen. Die Kinder können sich dazu um den Altar stellen und sich die Hände reichen.
Verkündigung der Vergebung	Gott vergibt aufgrund der Umkehr. Das wird hier deutlich ausgesagt.
Schlussteil	
Segen	Hier wird besonders deutlich, dass der Gott, der vergibt, auch der Gott ist, der segnet.
Schlusslied	Das Schlusslied erinnert an die Ausrichtung des eigenen Lebens nach dem Leben Jesu.
Entlassung	Bei der Entlassung werden die Kinder noch einmal ermutigt, ihre Vorsätze zu verwirklichen.

Modell

Thema	Bußgottesdienst „Befreiung von Dornengestrüpp"
Ziel	Die Kinder sollen erkennen, was sie hindert, gut zu sein und worin ihre persönliche Schuld liegt.
Material	– Vor dem Altar steht eine Schale mit Sand und Steinen, in denen Dornenzweige stehen. – Auf dem Taufstein steht eine Schale, die mit blühenden Blumen bepflanzt ist. – Osterkerze im Altarraum – vorbereitete Zettel der Kinder mit ihren Hauptfehlern

– Kerzen oder Dochte zum Verbrennen der Zettel in der Schale ...

■ Eröffnungsteil

Lied
Gotteslob Nr. 505,1–3: „Du hast uns, Herr, gerufen"

Begrüßung und liturgische Eröffnung
Wir haben gesungen, dass wir hier sind, weil Gott uns gerufen hat. Wir dürfen zu ihm kommen, auch wenn wir nicht immer so leben, wie es für uns und andere gut ist. Gottes Heiliger Geist hilft uns, wenn wir es besser machen wollen.
So dürfen wir voll Zuversicht unseren Bußgottesdienst beginnen:
+ Im Namen des Vaters ... Amen.

Gebet
Großer Gott, barmherziger Vater,
deine Güte macht uns froh und dein Wort gibt uns Hoffnung. Du nimmst uns an, so wie wir sind; mit unseren guten und schlechten Seiten. Du verlässt uns nicht, auch wenn wir zu wenig an dich denken.
Wenn wir mit unserer Schuld zu dir kommen, gehst du uns entgegen und nimmst uns wieder bei dir auf wie ein barmherziger Vater. Hilf uns, dass wir erkennen, wo wir zu dir umkehren müssen. Darum bitten wir dich durch Jesus Christus, deinen Sohn, unseren Herrn und Bruder, der in der Einheit des Heiligen Geistes mit dir lebt und herrscht in Ewigkeit. Amen.

■ Hauptteil

Lied
Gotteslob Nr. 521,1.2: „Herr, gib uns Mut zum Hören"

Evangelium
Mt 13,3b–9 Gleichnis vom Sämann

Erklärung
Der Sämann hat den Samen schon sehr großzügig ausgestreut. Er ist überall hingefallen; doch er hatte nicht überall dieselbe Chance aufzugehen und zu wachsen. Unter den Dornen kann nichts gedeihen.

Ihr kennt Dornen an Zweigen und Büschen; und ihr wisst, dass man sich an ihnen verletzen kann. Mancher von euch hat sich schon einmal an solchen Dornen geratscht; und der weiß noch genau, dass das sehr weh getan hat. Wunden von Dornen heilen oft nur schwer.

Gerade von diesem Dornengestrüpp, unter dem keine Saat aufgehen kann, erzählt Jesus.
Er hat bestimmt nicht daran gedacht, eine Arbeitsanweisung an Bauern oder Gärtner zu geben. Er wollte seinen Zuhörern etwas erklären; und er will auch uns heute damit etwas sagen.
Bitten wir ihn, dass wir seine Worte verstehen und sie in uns aufnehmen.

V/A: ‖ : Herr, erbarme dich : ‖

Besinnung
Der Sämann ist Jesus.
Auch heute streut er Samen aus: seine Worte.
Auch heute spricht er zu dir und mir.

Aber um mich herum sind viele Dornen, die das Wachsen erschweren.
Vieles um mich herum hindert mich daran, Jesus nachzufolgen:
♦ Warum soll ich gerade auf Jesus hören? Es gibt so viele interessante Dinge, mit denen ich mich lieber beschäftige: Computerspiele, Fernsehen, Sport, Kassettenrecorder ... – Das sind die Dornen, die mich von Jesus ablenken.
♦ Warum soll ich anderen helfen? Ich habe ja nichts davon. Außerdem gibt es viele, die das besser können als ich. – Das sind die Dornen des Ich-Denkens.
♦ Warum soll ich zu meinen schlechten Seiten stehen? Ich kann doch nichts dafür. Ich brauche keine Vergebung. – Das sind die Dornen der Überheblichkeit, des Nur-von-sich-überzeugt-Seins.
♦ Warum soll ich friedlich sein; und warum soll ich mich entschuldigen? Ich muss mich doch durchboxen. Da kann ich keine Rücksicht nehmen. – Das sind die Dornen der Rücksichtslosigkeit.
♦ Warum soll ich mich nach Jesus richten? Das bringt mir nichts; und viele tun das sowieso nicht. – Das sind die Dornen des Unglaubens und der Selbstherrlichkeit.

Guter Gott, um mich herum sind Dornen. Verzeih mir, wo ich mich nicht gegen sie durchsetzen wollte.

V/A: ‖: Herr, erbarme dich :‖

Hauptfehler
Ihr habt euch überlegt, was euer Hauptfehler ist:
Was ihr am häufigsten falsch macht oder was eine besondere Lieblosigkeit ist. Das sind die Dornen, mit denen ihr andere und auch euch selbst verletzt und weh tut.
Jeder von euch kennt seine Dornen genau; jeder hat sie auf dem Zettel aufgeschrieben.

Ihr versteht jetzt auch, dass es nicht reicht, diese Dornen auszureißen, sich davon zu trennen. Denn dann liegt nur der kahle Boden vor uns und kein blühendes Feld.
Dafür müssen wir mehr tun: nämlich überlegen, wie wir Freude bereiten können; denn Freude ist wie ein ganzes Blumenfeld.
Das Gegenteil von unserer Sünde ist das Gute, das wir tun.

Einige Beispiele können zeigen, wie das gemeint ist:
◆   Anstatt sich vor dem Helfen zu drücken (oder vor dem Zimmeraufräumen), freiwillig eine Aufgabe übernehmen,
◆   oder, wenn ihr in Gefahr seid, eure Mutter zu belügen, dann zeigt ihr ihr am besten, dass ihr sie ganz lieb habt, und helft ihr im Haushalt oder malt ihr ein Bild oder umarmt sie einfach nur.

V/A: ‖: Herr, erbarme dich :‖

Schuldbekenntnis
Wir bekennen, dass wir gesündigt haben und sprechen gemeinsam:
Ich bekenne Gott, dem Allmächtigen ... *(Gotteslob 353,4)*

Vergebungsbitte
Vater im Himmel, du kennst uns so gut wie niemand sonst. Du siehst in unser Herz und weißt, wo wir nicht darauf vertraut haben, dass du uns liebst und es gut mit uns meinst. Das tut uns leid!
Verzeih uns unsere Sünden und hilf uns, als deine Kinder auf dein Wort zu hören, damit wir froh miteinander und mir dir leben. Darum bitten wir dich durch Jesus Christus, unseren Herrn. Amen.

Prozession

Es ist vorteilhaft, die Zettel, auf denen die Hauptfehler der Mit-feiernden notiert sind, im Freien zu verbrennen. Die Kerze oder der Docht, mit dem sie entzündet werden, kann symbolträchtig an der Osterkerze angesteckt werden (Windschutz!). Auf dem Weg kann auch der Liedruf „Herr, erbarme dich, erbarme dich" gesungen werden.

Beim Verbrennen jeden Zettel einzeln anzünden und in die Flammen fallen lassen.

Wir machen uns jetzt auf den Weg, um Jesus unsere Sünde und Schuld, alles, womit wir anderen weh getan haben, zu übergeben. Denn er steht für uns ein.

Nur ihr wisst, was auf eurem Zettel steht, was euer Hauptfehler ist. Damit ihr auch daran erinnert werdet, wie euch Jesus helfen will, gut zu sein, die Dornen des Ich-Denkens, der Gleichgültigkeit, der Überheblichkeit, der Rücksichtslosigkeit und des Unglaubens aus-zureißen, dürft ihr aus dieser Schale einen Dornenzweig mit auf den Prozessionsweg und hinterher mit nach Hause nehmen.
Vielleicht steckt ihr ihn zu dem Palmzweig am Kreuz.
So wisst ihr dann immer: Mit dem Kreuz hat Jesus auch unsere Schuld getragen.

Auf dem Tisch vor dem Altar steht eine Schale mit Sand und Steinen, in denen Dornenzweige stecken.
Bei der Fortsetzung der Prozession in die Taufkapelle (oder zum Taufbrunnen) kann ein Halleluja-Ruf angestimmt werden.

Hier seht ihr, wie unser Leben aussieht, wenn es frei ist von Dornengestrüpp. Wenn der Samen in gutes Erdreich fällt, kann er aufgehen. Dann können schöne Pflanzen mit bunten Blumen wachsen.

Das Wort Jesu, sein Samen, wird ganz groß und stark in uns. Das heißt: Wir können helfen und teilen, uns entschuldigen und Rücksicht nehmen. So leben wir, wie Gott es von seinen Kindern erwartet. Kinder Gottes sind wir ja in der Taufe geworden. Darum haben wir hier haltgemacht.

Bei der Taufe hat Gott den Samen in uns hineingelegt; und immer, wenn wir uns nach Jesus ausrichten, geht der Same weiter auf.

Auf dem Taufstein steht eine Schale, die mit blühenden Blumen bepflanzt ist.

Vaterunser

Als Kinder Gottes dürfen wir auf seine Hilfe vertrauen. Darum beten wir voll Zuversicht zu ihm:
Vater unser ...

Verkündigung der Vergebung

Zu Beginn des Gottesdienstes haben wir gesungen „Du hast uns, Herr, gerufen". Weil wir seinem Ruf gefolgt sind und weil wir umgekehrt sind von dem Weg mit dem Dornengestrüpp, das wir haben wachsen lassen und damit anderen, uns selbst und auch Gott weh getan haben, weil das alles so ist, dürfen wir sicher sein, dass Gott uns unsere Schuld und Sünde vergibt. Er schenkt uns seinen Frieden und den Mut und die Kraft zu einem neuen Beginn.

■ Schlussteil ────────────────────────────────

Segen (Aaronitischer Segen)

Der Herr segne uns und behüte uns;
der Herr lasse sein Angesicht über uns leuchten und sei uns gnädig;
er wende uns sein Antlitz zu und schenke uns seinen Frieden. Amen.
Das gewähre uns der dreieinige Gott,
+ der Vater, der Sohn und der Heilige Geist. Amen.

Schlusslied

Gotteslob Nr. 514: „Wenn wir jetzt weitergehen"

Entlassung

Wir dürfen im Frieden Gottes nach Hause gehen. Wir müssen diesen Frieden jedoch weitertragen und dafür sorgen, dass wir das tun, was wir können, um es schöner und heller bei uns zu machen. Tut das Gute, das ihr euch eben überlegt habt, bald. Dann merkt ihr, wie froh es macht, die guten Vorsätze zu verwirklichen. Daran werdet ihr selbst eure Freude haben.

Darüber freuen sich andere.

Darüber freut sich auch Gott!

5.3.2.3 Dankfeier für das Bußsakrament

(nach der Erstbeichte von Kommunionkindern oder einem gemeinsamen Beichttermin für die Kinder)

Dieser Gottesdienst hat nur eine kurze Form, da er der erste Teil eines Nachmittags mit „Beichtkindern" ist, die anschließend zum Spielen zusammenbleiben.

Erläuterung des Modells

Eröffnungsteil	
Lied	Das Eröffnungslied ist einfach und fröhlich und kann leicht von den Kindern nachgesungen werden.
Liturgische Eröffnung	Hier bietet sich eine Überleitung vom Eröffnungslied zum Kreuzzeichen an.
Einführung	Der Hinweis, dass die Feier in der Kirche und die Feier im Gemeindesaal zusammengehören, betont die Einheit von Gottesdienst und Leben als Christ.
Schuldbekenntnis und Gotteslob	Die Verbindung der Schuldbekenntnisse mit dem anschließenden Lob Gottes macht die Freude über seine Vergebung deutlich.
Hauptteil	
Halleluja-Ruf	Das Halleluja ist ein Jubelruf und darf ausgelassen und fröhlich sein.
Evangelium	Das Evangelium von der verlorenen Drachme ist ein Gleichnis, das vom Suchen und Nachgehen Gottes erzählt. Der Sünder kann umkehren und sich freuen.
Katechese	Die Geschichte vom Teichweibchen wiederholt das Gleichnis mit einem märchenhaften Bild, das auch Traurigkeit als Reaktion auf Verlorengehen und Freude als Folge des Wiederfindens beschreibt.

Psalm	Der Grund aller Freude ist Gottes Liebe und Barmherzigkeit.
Vaterunser	Das Gebet des Herrn sollte in keinem Gottesdienst fehlen.

Schlussteil	
Segensbitte	Der Segen ist ebenso wie die Vergebung ein Geschenk Gottes.
Lied	Wenn mehrere Erwachsene mitfeiern oder die Kinder gesangserprobt sind, kann das Schlusslied auch als Kanon gesungen werden.
Entlassung in den Gemeindesaal	Der Gottesdienst endet an dieser Stelle, doch die Kinder bleiben zu einem Spielenachmittag zusammen. Hier setzt sich die Tradition der Agape in veränderter Form fort.

Spielenachmittag	
Vier-Ecken-Spiel	Das vorgeschlagene Vier-Ecken-Ratespiel weckt bei den Kindern Wettkampfeifer, es hat sich gezeigt, dass es in der Praxis sehr beliebt ist. Natürlich kann der zweite Teil des Nachmittags auch anders gestaltet werden.

Modell

Thema	„Dank und Freude, weil Gott vergibt"
Ziel	Die Kinder sollen erfahren, dass über ihre Umkehr wirklich Freude herrscht und dass sie Anlass ist, ein Fest zu feiern und Gott zu danken.
Material	Für den Gottesdienst wird kein zusätzliches Material gebraucht. Bei der Beschreibung des Spieles werden entsprechende Angaben gemacht.

■ Eröffnung

Lied
Gotteslob Nr. 519,1–3: „Komm her, freu dich mit uns"

Liturgische Eröffnung
Ja, wir freuen uns, alle zusammen und mit Jesus diesen Gottesdienst zu feiern. Der Herr will mitten unter uns sein, er ist unter uns und so beginnen wir:
+ Im Namen des Vaters ... Amen.

Einführung
Ihr habt in der vergangenen Woche zum ersten Mal gebeichtet. Ich weiß, dass ihr danach sehr froh ward; und ich weiß auch, dass Gott sich gefreut hat, weil ihr so gute Vorsätze gefasst habt. Bei so viel Freude müssen wir einfach ein Fest feiern, hier in der Kirche mit einem Gottesdienst und anschließend im Gemeindesaal mit einem fröhlichen Nachmittag.

Schuldbekenntnis und Gotteslob
Gott vergibt Schuld und Sünde, wenn wir ihn aufrichtig darum bitten. Doch wir merken sehr bald, dass wir immer wieder in Gefahr sind, uns nicht nach dem guten Beispiel Jesu zu richten. Wir tun lieber, was wir wollen.
Das tut uns Leid.
Wir dürfen uns darauf verlassen, dass Gott uns nie im Stich lässt.
Und das tut gut.

Dafür danken wir dir, großer Gott.
Du machst uns so froh:
– Wenn wir zu dir beten, hörst du uns.
– Wenn wir Angst haben, machst du uns Mut.
– Wo wir gehen und stehen, du bist bei uns.
Wir leben, weil du es willst.
Du hast Jesus Christus, deinen Sohn zu uns geschickt, der uns die Frohe Botschaft, das Evangelium, verkündet hat.
Großer, heiliger Gott,
weil Jesus unser Bruder geworden ist, dürfen wir dich Vater nennen:
– Danke, guter Vater, dass wir deine Kinder sind.
– Danke, guter Vater, dass du jeden von uns kennst.
– Danke, guter Vater, dass du uns so lieb hast.
Amen.

Halleluja-Ruf

Wenn wir uns richtig freuen, will die Freude nach draußen. Da reichen Worte nicht aus, von ihr zu erzählen, und wir fangen an zu singen. So ist es auch mit dem Halleluja, dem fröhlichsten Jubelruf, den wir aus Gottesdiensten kennen.
Das Halleluja kann nur gesungen werden, Worte können gar nicht genug klingen. Wie froh wir sind, das schwingt im Halleluja mit.

„kommt und singt"[21] Nr. 188: „Halleluja ... Preiset den Herrn!"

Evangelium

Lk 15,8–10 Gleichnis von der verlorenen Drachme

Katechese

Ich habe hier ein Märchen, das viel Ähnlichkeit mit dem Gleichnis hat, das Jesus erzählt hat. Achtet auch auf den Schluss, was da geschieht.

Das Teichweibchen

Tief auf dem Grund des Sees lebte ein hutzeliges, kleines, altes Frauchen, das Teichweibchen. Sie hatte sich ein Häuschen aus vielen Steinen gebaut, die sie im See fand, und hatte sogar einen Garten angelegt, in dem die schönsten Seerosen und das grünste Seegras wuchsen. Freundlich winkte sie von ihrem Platz am Fenster den vorbeischwimmenden Fischen, den hüpfenden Wasserflöhen, den räuberischen Libellenlarven und tauchenden Enten zu. Doch am meisten freute sie sich über den Besuch der Frösche, die so breit lächeln konnten, wie niemand sonst.
Doch eines Tages war alles anders, das Teichweibchen war sehr, sehr traurig. Sie weinte still und lief ruhelos durch Haus und Garten. Ihr schönster Stein war verschwunden. Sie hatte ihn immer in einer Nische neben der Tür liegen, damit ihn jeder sehen konnte, der vorbeikam. Schneeweiß war er, glatt und ganz ohne Kanten. Eine Wildgans hatte ihr diesen Stein einmal von ihrer Reise in den Süden von der dänischen Küste mitgebracht.
Nun lag dieser Stein nicht mehr an seinem Platz, und alles Suchen

---

[21] Vgl. Anmerkung 1.

war bisher vergeblich. Da war es doch nur zu verständlich, dass das Teichweibchen ganz traurig war. Müde, erschöpft und verzweifelt erinnerte sie sich, dass sie heute eigentlich ihren Waschtag hatte und die Waschmaschine inzwischen wohl schon den letzten Spülgang beendet hatte. Seufzend machte sie sich an die Arbeit und räumte Stück für Stück ihre Tischdecken, Bettwäsche und Handtücher aus der Maschine und legte sie in den Wäschekorb. Doch was klapperte da immer in der Waschmaschine? Sie sah nach und stieß sogleich einen Freudenschrei aus – es war ihr schöner, weißer, glatter Stein, ganz ohne Kanten.

Richtig, sie hatte ihn in ihren Kopfkissenbezug gesteckt, damit er in der Waschmaschine noch heller werden sollte. Das wäre ihr früher auch nicht passiert, dass sie nicht mehr wusste, wohin sie etwas gelegt hatte. Doch jetzt hatte sie ihn wiedergefunden und freute sich unendlich darüber. Alle ihre Freunde rief sie zusammen: die Fische, die Wasserflöhe, die Libellenlarven, die Enten und die Frösche und feierte mit ihnen ein Fest.

Ihre Freude über den wiedergefundenen Stein steckte alle an, und sie sangen, aßen und spielten miteinander, bis der Mond aufging und sich im See spiegelte.

Was habt ihr wiedererkannt, das im Gleichnis aus der Bibel auch beschrieben ist?
– Die Frau und das Teichweibchen verlieren etwas.
– Darüber sind sie traurig.
– Sie suchen danach und geben sich dabei viel Mühe.
– Endlich finden sie es wieder.
– Darüber freuen sie sich ganz stark.
– Sie behalten ihre Freude nicht für sich, sie teilen sie mit anderen.
– Sie machen aus dem Wiederfinden ein richtiges Fest.

Jesus erklärt mit einem Satz das Gleichnis: So wie sich Menschen freuen, wenn sie etwas Verlorenes wiederfinden, so freut sich Gott auch über jeden, der von ihm weggegangen war, wenn er sich von ihm wiederfinden lässt.

Psalm (nach Ps 1)
Glücklich alle Menschen, die nicht behaupten, immer Recht zu haben.

Glücklich alle Menschen, die nicht über die Fehler anderer spotten.
Glücklich alle Menschen, die Gott um Vergebung bitten,
   denn er hilft ihnen, nach seinen Geboten zu leben.
Glücklich alle Menschen, die auf Gott vertrauen,
   denn er wird sie beschützen und segnen.
Glücklich alle Menschen, die sich bemühen, Gutes zu tun,
   denn Gott wird mit ihnen sein auf allen ihren Wegen, bei Tag
   und bei Nacht, in Gefahr und in Angst, aber auch in Freude
   und Glück.

Vaterunser
(gesungen – nach einer Melodie, die die Kinder kennen)

Auch das Vaterunser klingt viel fröhlicher, wenn wir es singen, darum singen wir jetzt gemeinsam mit den Worten Jesu:
Vater unser ...

▪ Schlussteil

Segensbitte
Guter Gott, bleibe bei uns mit deinem Segen, dann können wir froh sein und glücklich mit dir, unserer Familie, unseren Freunden, Nachbarn und Verwandten leben.
Das schenke uns: + Im Namen ... Amen.

Lied
Gotteslob Nr. 283: „Danket, danket dem Herrn, denn er ist so freundlich"

Einladung in den Gemeindesaal
Heute wünsche ich euch einmal nicht einen guten Heimweg, sondern ich freue mich, dass wir noch eine Weile im Gemeindesaal zusammenbleiben. Es ist einiges vorbereitet. Lasst euch einfach überraschen.

▪ Spielenachmittag

Der Spielenachmittag kann mit unterschiedlichem Aufwand gefeiert werden.

Kreis-, Rate- und Wettspiele können durch Lieder, Tänze und Basteleien ergänzt werden. Vielleicht sind für die Kinder auch Kekse, Kuchen, Getränke oder Ähnliches zu organisieren.

Das Vier-Ecken-Spiel bezieht sich auf Bereiche aus dem Leben Jesu, der Kommunion- und der Beichtkatechese. Es ist einfach zu spielen. Ein Erwachsener liest die Fragen und die vier Antworten vor. In vier Raumecken, die von 1–4 nummeriert sind, steht jeweils eine Person mit einer der möglichen Antworten, die auf einem Papier notiert sind, das hoch gehalten wird. Die Kinder sollen in die Ecke laufen, in der sie die richtige Antwort vermuten. Alle, die richtig stehen, bekommen mit einem Filzstift einen Punkt auf die Hand. So kann am Ende ein (oder mehrere) Sieger ausgemacht werden.

Vier-Ecken-Spiel

1. Wo wuchs Jesus bei seinen Eltern auf?
   1 Betlehem
   2 Jerusalem
   3 Nazaret
   4 Jericho

2. Wer brachte Maria die Botschaft, dass sie die Mutter Gottes werden sollte?
   1 der Prophet Samuel
   2 ihr Mann Josef
   3 der Heilige Geist
   4 der Engel Gabriel

3. Wo und durch wen wurde Jesus getauft?
   1 im Jordan von Johannes
   2 im Tempel von Jerusalem vom Hohenpriester
   3 in Betlehem von den Heiligen Drei Königen
   4 im See Gennesaret von Mose

4. Wer hat gesagt: „So sollt ihr beten" und dann das Vaterunser gesprochen?
   1 Gott zu Moses
   2 Jesus zu seinen Freunden
   3 Maria zu Jesus
   4 Petrus zu den Römern

5. Was geschah an dem Tag, den wir Gründonnerstag nennen?
   1 Jesus ritt auf einem Esel in Jerusalem ein.
   2 Jesus wurde verurteilt.
   3 Jesus fuhr in den Himmel auf.
   4 Jesus feierte mit seinen Freunden das letzte Abend-
     mahl.

6. Warum feiern wir den Sonntag?
   1 Dann sind die Schulen und Geschäfte geschlossen.
   2 Jesus ist an einem Sonntag auferstanden.
   3 Der Pastor hat dann Zeit, die Messe zu feiern.
   4 Der Papst hat es so angeordnet.

7. Wann beginnt das Kirchenjahr?
   1 Sylvester
   2 Weihnachten
   3 1. Adventssonntag
   4 Ostern

8. Wie ist der richtige Aufbau der Messe?
   1 Begrüßung, Wortgottesdienst, Eucharistiefeier, Ent-
     lassung
   2 Kyrie, Friedensgruß, Kommunion, Evangelium
   3 Vaterunser, Wandlung, Evangelium, Segen
   4 Lied, Gebet, Kommunion, Predigt

9. Welcher wichtige und entscheidende Unterschied besteht zwischen den Sakramenten der Taufe und der Buße?
   1 Bei der Taufe muss man ein Baby sein, bei der
     Beichte mindestens 8 Jahre.
   2 Bei der Taufe tragen alle ein weißes Taufkleid, bei
     der Beichte ist normale Kleidung erlaubt.
   3 Jeder kann nur ein Mal getauft werden, zur Beichte
     werden wir dagegen immer wieder eingeladen.
   4 Die Taufe ist nur samstags oder sonntags, die
     Beichte kann aber jeden Tag sein.

10. Was gehört nicht zu einer Beichte?
    1 Ich bereue und bekenne meine Schuld.
    2 Ich verspreche, nie wieder etwas falsch zu machen.

3 Ich bitte Gott um Vergebung.
4 Ich bespreche mit einem Priester, wie ich meine
   Umkehr zeigen kann.

11. Wann darf ich beten?
    1 nur in der Kirche
    2 nur wenn ich saubere Hände habe und sie falte
    3 nur in Gemeinschaft mit anderen
    4 Ich darf zu jeder Zeit und an jedem Ort beten.

12. Wie heißt unsere evangelische Schwestergemeinde?
    1 ...
    2 ...
    3 ...
    4 ... (*entsprechend ergänzen*)

Richtige Antworten: Frage 1: 3; Frage 2: 4; Frage 3: 1; Frage 4: 2; Frage 5:
4; Frage 6: 2; Frage 7: 3; Frage 8: 1; Frage 9: 3; Frage 10: 2; Frage 11: 4.

6. Verzeichnisse

6.1 Verzeichnis der biblischen Perikopen

6.2 Sachregister